Living in the Heart

ハートの聖なる空間へ

ドランヴァロ・メルキゼデク

鈴木真佐子 訳

Drunvalo Melchizedek

ナチュラルスピリット

愛する妻、クローデットに

私はクローデットに出会い、彼女が４０００年以上にもわたる伝統的なハートの教えを修得していることを知りました。クローデットは、キャサリン・シャインバーグとエルサレムのマダム・コレットを師に、「ハートのイメージ」のトレーニングを受けていたのです。

コレット家は、さかのぼれば今のサイクルにおいて地球上ではじめて「マカバ Mer-Ka-Ba」（ヘブライ語で Merkavah）に関する書物を著わした一族です。この部族の男たちはマカバについて伝授していましたが、人々にはまだ多次元的体験をする準備ができておらず、いきなり異次元や別の世界と直接的な交流をすれば感情的な混乱をきたしてしまうことに気づきました。そこでこの問題を解決すべく、人々が別の世界と関わるための準備として、女性的な秘儀である「ハートのイメージ」に基づく教えの体系を創出したのでした。

最初、彼女にこれらのイメージを見せられたとき、私にはそれが何なのか、どうして人間の魂に作用するのか何も説明できませんでした。ただ一つ私にわかったことは、実際に効果があるということだけだったのです。

クローデットのワークを8年以上研究したことが土台となって、この本が生まれました。彼女の影響がなかったら、今でもきっと答えをマインド（頭）の中に探し求めていたでしょう。私は彼女の「ハートのイメージ」のおかげで、今からみなさんに分かち合おうとしているこの体験に導かれたのです。妻クローデットに心の底から愛と感謝をささげたいと思います。

誰かがあなたに言ったとしよう
「不滅の要砦都市、私たちの肉体の中に
蓮の花があり
この蓮の花の中に小さな宇宙がある
そこには何があるのだろう
私の知りたいと欲する何が」

するとあなたは答えるだろう
「外なる宇宙と同じほど広大無辺な
あなたのハートの内なる小さな宇宙
そこには天と地があり
火と空気、太陽と月があり、稲妻と星座があり
地においてあなたに属するものすべてがあり
あなたに属さないものすべてがある
これらのすべてが
あなたのハートの小さな宇宙に集まっている」

「チャンドギャ・ウパニシャッド」（ヒンズー教の聖典の一つ）8―1　2～3節より。
この詩編は本書を書き終えた翌日、ロン・ラプラスが贈ってくれたものです。

まえがき

１９７１年以来、私はマカバと呼ばれる人間の光の体（ライトボディ）と瞑想について集中的に学び、成人してほとんどの時間をこの古代の伝統の研究に費やしてきました。マカバはあらゆる事柄を包含しているように見え、生きることについての無数の疑問に答えてくれました。私は内なるガイドから神聖幾何学を教えられ、光の体（ライトボディ）の発見へと導かれたのです。神聖幾何学はそれ自体完璧なもので、宇宙の謎すべてに関する知識を保持しています。これは実に驚くべきことでした。

しかし長年これらの光のフィールドを体験するにともない、さらにもっと何かあるということがゆっくりと明らかになっていきました。それは長いこと言葉にはなりませんでした。神はいつも不可思議な謎めいたやり方でみずからを顕現させます。私の内なる空間世界のどこかしらで、次第にマカバを超えるほどの、かぎりなくスピリチュアルで秘教的な価値ある宝石が人生に入り込んできたのです。それは何のためだったのでしょう？　私には、使われるためとしか思われません。

ですからこれらの言葉は私からあなたへの贈り物です。というのも、私はあなたが誰であるのかその真実を知っており、地球が太陽を愛するように、私はあなたを愛しているからです。この知識を、あなたに智恵をもって使ってもらえるものと信じています。この知識は誤用のしようがないため、間違って使われることは心配していません。

ドランヴァロ・メルキゼデク

✝ハートの聖なる空間へ——目次

はじめに

昔むかし、私たち人間はずいぶん違っていました。今ではごく少数の人たちだけがようやく理解しはじめているような伝達方法や体験のしかたを、当時はみんながしていたのです。もともと私たちは、脳の働きに左右されないハートの中の聖なる空間によってコミュニケーションしたり感知したりする方法を知っていました。

オーストラリアのアボリジニの人たちは今でも、彼らが「ドリーム・タイム」と呼ぶ、古代からの生命ネットワークとつながっています。その集合的な夢または意識状態によって、彼らはみずからのハートの中に生き続け、西洋的現代人の意識からはほとんど完全に失われてしまった世界で呼吸しているのです。

ニュージーランドのマオリ族は「瞑想」のなかで広大な空間を飛び越え、アメリカを見ることができます。実際にそうしたやり方でアメリカにいるホピ族と連絡をとりあい、お互いの預言について情報交換するための集会を設定したりしています。彼らは現代の「テクノロジー」的な手段をいっさい使わずに打ち合わせをします。

またハワイではカフナ（ハワイ先住民族のシャーマン）たちが母なる地球と親しく会話して、食べてよい魚がどこにいるのか教わります。真っ青な空に浮かぶ白い雲がしだいに人の手の形をとり、魚の群れがいる方角を指さすのです。

南米コロンビアのシェラ・ネバダ山脈の高地にある深い峡谷には、「言葉のない言語」を知る部族が住んでいます。この言語は、彼らのハートの内にある聖なる空間からやって来ます。

私たちにその言語を思い出すことができたなら、どんなに素晴らしいでしょう。聖書には、バビロン以前の時代は地球上すべての人がただ一つの言語によって祝福され、結ばれていたと書かれています。しかしその後、人間の話す言語は無数に分裂し、言葉の壁が人々を互いに隔て、それぞれの小さな世界に閉じこめてしまったのです。

誤解による不信感は、心ならずもいつのまにか私たちの宿命となってしまいました。そんなふうにして互いを責め合うという運命から逃れられなくなっているのです。満足に話し合うことさえできません。これは分裂の一番冷たい形です。同じ宇宙の根源から生まれた兄弟姉妹でありながら、私たちはお互いの考えや気持ちを表現しあえず、すぐに敵どうしになってしまいます。何世紀も過ぎるうちに人々のマインド（頭、精神）は孤立していき、ハートの中に入って共通の夢を体験するという古代のやり方を喪失してしまったのです。

今あなたが手にしているのは、それを取り戻すための本です。あなたのハートの中にはいつでもこれがありました。今でもあります。それは天地創造よりも古くから存在し、最後の星がその美しい輝きを終えてもなお存在し続けます。夜の眠りで夢の世界に行っているとき、あなたは自分のマインドを枕元に置いたまま、ハートの中の聖なる空間に入っているのです。あなたはそれを覚えていますか？　それとも覚えているのは夢だけでしょうか。

私たちの記憶から消えゆこうとするこの「何か」について、なぜ私は語るのでしょうか。科学的な思考と合理性が最大の宗教となっているこの世界において、今さら再びハートの空間を見出したからといって、それが何になるというのでしょう？　感性や直感など、この現実社会では取るに足りないものだと見なされていることを私は知らないのでしょうか？

もちろん、私もそれは知っています。けれどもこれは私が師たちから託されたことで、あなたが本当は誰であるのかを思い出せるようにお手伝いするのが私の仕事なのです。あなたは人間以上の存在です。はるかにそれを凌ぐ存在なのです。なぜなら、あなた自身のハートの内にある聖なる空間で意識の共同創造を行えば、文字通り世界を新たにつくり直すことができるからです。

あなたが本当にスピリットの平安を求め、真の故郷に帰りたいと望むなら、あなたのその美しいハートの中へとご案内しましょう。あなたさえ許してくれれば、私が見たものをあなたにお見せしたいのです。あなたと神が深く一つになるところ、あなたのハートの聖なる空間へと至るための正確な道しるべをお伝えしたいと思います。

選ぶのはあなたです。ただし、一つだけ警告しておかなくてはなりません。この体験には大きな責任が伴います。あなたのスピリットが高次元に達すると、宇宙はそれを知ることになります。そして、かつてこの世に生を授かった偉大なマスターたちがみな宇宙に使われたのと同様に、今度はあなたが宇宙に使われるでしょう。この本を読んで瞑想しても自分の人生にはべつに何の変化もないだろうと思っていると、突然スピリチュアルな居眠りから揺り起こされるかもしれません。ひとたび「大いなる闇の光」に入れば、あなたの人生は変わってしまいます。ついにはあなた自身が実は誰だったのかを思い出し、最終的にあなたは人類に奉仕する人生を歩むことになるでしょう。

最後の二つの章では、驚くべき情報や、大いなる希望の片鱗にも触れます。人間の肉体を取り囲む直径16〜17メートルほどの光の体（ライトボディ）、つまりマカバ（前著『フラワー・オブ・ライフ』全2巻を参照）には、このハートの聖なる空間と本質的に関わりあう秘密の鍵があります。もしも今あなたの生活でマカバ瞑想を実践しているのでしたら、この本の情報は光の高次元世界に向かうアセンション（次元上昇）の旅に、きわめて重要な手がかりを与えるはずです。また、あなたがハートの聖なる空間以外のことにはあまり関心がないとしても、この本の言葉はあなたの人生に祝福をもたらし、あなたのまことの本質を取り戻すことに役立つでしょう。

最後に付け加えますが、この本は、意味が伝わり、体験のエッセンスが損なわれない範囲で、最小限の言葉で語られています。登場するもろもろのイメージの説明はあえてシンプルなままにしてあります。それらの文章はマインドによって書かれたのではなく、ハートによって書かれているのです。

1章
マインドからの始まり

この物語は、私の人生において一見気まぐれであるかのような時点に端を発します。それは私が神聖幾何学やマカバの高次元世界での瞑想に集中していた時ではなく、ごく平凡な日常生活のなかで科学的テクノロジーのマインドによって地球の環境を癒そうと決めた瞬間から始まったのでした。人は誰でもその責任を負っていて、まして自分のようにそれについて公の場で話す人間であればなおさら、日常実践しなくてはいけないと私は感じていました。そしてこの貴重な地球の環境をどうしたら癒すことができるかという私なりの方法に関して、やってくるどんな可能性もすべて受け入れようと心に決めていたのです。

最初におことわりしておきますが、以下は環境の浄化そのものを目的に話すのではありません。これは私がR－２という環境浄化用装置の実験をしているとき、私の身に何が起こったか、そしてそれによって私の人生がどう変わり、どのようにして私のスピリットがまったく新しい人生の体験のしかたに導かれていったかという話なのです。

これらのテクノロジー的な実験が、自分のマインド*をはるかに超えた、意識のまだ見ぬ領域であるハートの奥深くに秘められた空間へと導いてくれるなど、その当時の私には思いもよらないことでした。

＊マインド (mind)：感じる心である「ハート」に対し、考える心を意味する言葉。頭脳、思考、理性、精神、思いなどいろいろな訳語があるが、本書ではそのまま「マインド」とした。

テクノロジーによる大気の浄化

話は1996年の5月にさかのぼります。古くからの友人が連絡してきて、コロラド州デンバーで取り組んでいる大気汚染浄化プロジェクトに協力してくれないかというのです。彼は名前の公表を望まないのでジョンと呼んでおきますが、自宅に小さいながらも高度に洗練された実験室を備え、生命や物理世界についてさまざまな研究をしている一匹狼的な科学者です。

彼のIQはたぶん高すぎて測ることも不可能でしょう。明らかに本物の天才です。彼はマイクロ波の放射を用いて現実を「見る」新しい方法を考案し、この世界の究明に大きく貢献しました。彼の研究を知った米国政府も、ごく最近までそれを複製することさえできなかったのです。

ジョンは、彼とその仲間たち（一人は驚くべきコイルを発明したスリム・スパーリングです）がいくつかの地球環境問題を癒すことのできる自然の力について、あることを発見したと知らせてきました。デンバーの大気汚染を一掃することに成功し、空気は新鮮そのものだというのです。それで現地に来て、私の目で確かめてほしいと頼んできたわけです。

その話は私にはちょっと信じられませんでした。デンバーからわずか数キロしか離れていないコロラド州ボルダーに私が住んでいた1970年代後半、デンバーの大気汚染は合衆国でも最悪で、ロサンゼルスよりひどかったのです。それは私がボルダーを去った理由の一つでもありました。ジョンは大げさに言っているのではないかとも思いましたが、彼の知性と天才ぶりを考えれば、どんなことも不可能ではないかもしれません。私はとにかく行ってみることにしました。いずれにしても私はどこかへ行きたかったし、少なくとも何か面白いことが待っているのは間違いありませんでしたから。

私は特に何も期待せず、オープンな気持ちで行くことにしました。もし彼の話が本当でなかったとしても、白い雪をいただいたロッキー山脈のそばに行くだけで、いつも私は生きている感覚が甦ってくるのです。

そして１週間後、デンバーの飛行場に降り立つと、人生でほとんどお目にかかったことがないほど清らかな大気が私を迎え入れてくれました。まるで空気がないかのようです。30キロ先の山の木々まで見えるのです。

私はかつて５年間住んでいた当時にはあり得なかった清涼さに呆然としながら、異国に降り立った迷子の旅人のように立ちつくしてしまいました。面白いどころか、私の胸は震えていました。本当にジョンがこれを成し遂げたというのでしょうか?

空港のタクシーがゆっくりと近づいて来ました。運転手はとてもくつろいだ様子で、まるで旧知の間柄でもあるかのように前の席に座るように手招きし、その数分後、車はすべるように静かに発明家スリム・スパーリングの自宅兼研究所を目指してひた走っていました。彼の研究所にまつわるすばらしい話は数々伝え聞いていましたが、訪れるのは初めてでした。

タクシーの運転手の目を見ると、その職業には珍しく全然ストレスがないように見えたのを覚えています。彼に自分の仕事を気に入っているか聞いてみると、前を見たまま、この仕事が大好きだと答えます。彼にしてみればお客さんは、世界中の旅の話を聞かせてくれる生きた本のようなものなのでしょう。

どうしてデンバーに来たのかと彼がたずねるので、私は世界の大気汚染問題の答えを探しにきたのだと話しました。すると彼は私を見て、子供のように無邪気に言うのです。「今では全部きれいさっぱりさ。この通り、もう大気汚染なんかどこにもない」私は空気が驚くほどきれいになっているのがわかると言いました。「それ以上だよ。僕の知っている人間はみんな、なぜかすごくいい気分なんだ。一体どういうことなんだろうね？」

私に答えられるはずもありません。間もなく車はゴールデンに入り、コロラド鉱山学校へ向かう道の、古い二階建てアパートが立ち並ぶところで止まりました。私はここでスリム・スパーリングと会うことになっていたのです。彼は、新しい公害削減のためのR－2という装置を使って実験データを採取している研究者の一人でした。

これは魔法のような発明で、雨雲が稲妻を発生させる直前にうまくその波形をとらえて、それを高度約56キロメートルの上空に送り込み、炭化水素を無害な分子である酸素と水蒸気に分解してしまうのです。本当でしょうか？　でもスリムのアパートの前の空気を吸うかぎり、どうやら本当のようでした。

私がノックすると、スリムが大声で入ってくれと言うのが聞こえました。中に入るとそこはいかにも研究所然としていて、とても寝たり食べたりする生活の場とは思えません。あとでわかったのですが、彼の生活スペースは上階にあり、研究スペースとは切り離されていたのです。

床の上にはいろいろなサイズの不思議な銅製コイルが設置され、そのほか、神とスリムしか知り得ないような正体不明の物体もありました。スリムは長く白い髭をたくわえた魔法使いマーリンと、迷子になった牛の群れを探しているカウボーイをかけ合わせたような男でしたが、彼のために汚染されたデンバーの空気を浄化していたのは、実はこれらの「古いコイル」だったのです。

ジョンは最初の日にはそこにおらず、スリムとともに実験をしているあと二人の研究者がいました。しかしその二人は用事があってすぐ出かけてしまい、私はスリムと二人きりになりました。それはもう一人の天才であるこの人物と親しくなるチャンスでした。私はスリムやその仲間たちと数日間いっしょに滞在し、彼らが教えてもよいと思う範囲で学ばせてもらいました。

R－2の仕組みについて簡単に紹介しましょう。実際はとても複雑なのですが、あえて単純化するとこういうことです。雨雲が稲妻を発生させる直前の波形を特別な機械で複写します（これはR－2によってではありません）。次にこの波形を、R－2のコンピューター・チップに取り込み、R－2のスピーカーシステムに埋め込まれたハーモナイザーと呼ばれるコイルを通して大気中に送り出します。するとその波形は大きく膨張して、トロイド型（ドーナツ状）フィールドとなって町全体を覆い、重力波に作用して、はるか上空から大気の汚染を浄化するのです。R－2には四つのダイヤルがそれぞれ笏（竿）状の金属棒の先についていて、四面体を形成しています。そのダイヤルの調節によってトロイド型フィールドが「生きる」ようにチューニングされます。

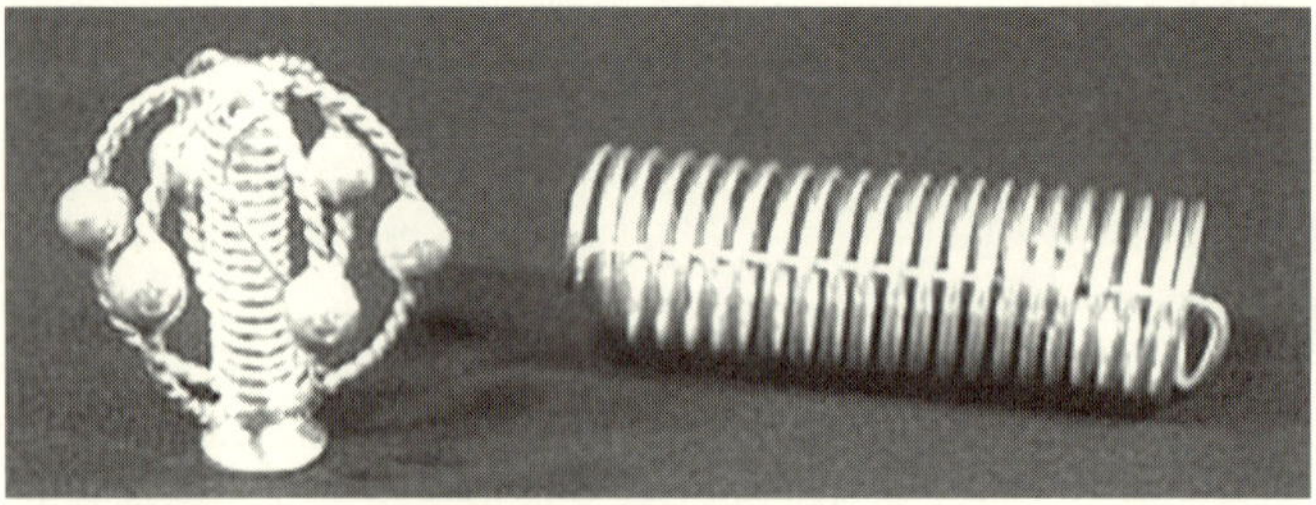

R―2の心臓部分、スリム・スパーリングの２本のコイル。
ハーモナイザー（左）とアキュ・ヴァック（右）

スリムとジョンは、このトロイド型エネルギー・フィールドは「生きている」と見なしていました（私もそれが自然に対して作用しているのを見たあと、そう思うようになりました）。私にとっては何もかもが新しく、つとめてオープン・マインドを保つよう心がけました。

R―2のチューニングは第三の眼（眉間のチャクラ）で感覚をつかみながら、装置の四つのダイヤルを回していきます。私もこの操作を学ばせてもらいましたが、サイキックの分野では多くのことを経験していたため、これはとても容易でした。このやり方は私には違和感なく、ごく自然に感じられました（あとになって、これをうまくできる人はなかなかいないことがわかりましたが、サイキックな面に敏感な人なら訓練すればできるようになります）。

私は操作の訓練を重ね、スリムとジョンがこれなら実地テストができると感じるまで続けられました。与えられた実地テストの課題は、R―2を自然の中で操作し、デンバーのある狭い地域の「チューニングの狂った」大気バランスを回復させることでした（R―2の調節が狂うと、その場所は通常２週間くらいですぐ元の汚染状態に戻ってしまいます）。その時点でデンバーのどこかが汚染されているとはとても思えませんでしたが、二人とも本当だと言うのでした。

私たちは車でデンバーの東南方面へ32キロメートルほど走りました。あたりは私には馴染みのない土地でした。町の外へ出てから高速道路を降りたすぐのところで車を止め、私たちは小高い丘の尾根を目指して登りはじめました。登るにつれて、上のほうに小さな森が見えてきます。

丘の上にたどり着いたときの光景を私は決して忘れないでしょう。眼下に低く谷が広がり、はるかむこうまで谷全体が何マイルにもわたって、汚染で赤茶けた雲に覆われていたのです。近くの小さなポプラの木陰に、人の目にとまらないようにＲ－２の装置が隠されていました。それは静かに雨雲のメロディを奏でていました。問題は、その調子がはずれているのです。

私はジョンとスリムにＲ－２の前に座るように言われ、操作をしっかり学んだかどうか確認される時がきました。不思議さに魅せられた子供のように強烈な好奇心でいっぱいになり、私は装置の前にあぐらをかいて目を閉じ、瞑想を始めました。そしてどうしたらこの装置を調整できるのか、その感覚をつかもうとしました。

私がダイヤルを回しはじめると、ジョンは私を制し、「目を開けて汚染された雲を観察するように」と言いました。これは訓練されてきた方法ではなかったのですが、その言葉に従って雲を見つめながらダイヤルを調整しはじめました。するとジョンは再び私をとめ、「鳥の声にも耳を傾けて」と注意します。

私は振り返って、「えっ、なに?」と聞き返しました。訓練期間中、誰も鳥のことなんて言いませんでした。

彼はもう一度、「ただ鳥の声に耳を傾ければいいんだ。そうすればわかるから」と答えました。いったい何のことやらさっぱり見当もつかないまま、私は操作を再開しました。最初のダイヤルを回すと、何マイルも遠くまでその土地が変わっていくのが感じられましたが、見えている世界には何の変化もありませんでした。ところが四つ目のダイヤルを回すと、二つのことが同時に起きたのです。それは驚きを超えた衝撃でした。文字通り瞬時にして、どんよりと赤茶けた汚染の雲が消え去り、すっかりきれいな澄んだ大気になっていたのです。まさに奇跡のようでした。

しかも雲が消えたと同時に、百羽くらいもの鳥たちがいっせいに周囲でさえずり始めたのです。鳥がそこにいるのも私は知りませんでした。この二つの出来事は、私のサイキックな性質を微妙に刺激しました。私はR－2の威力をこの目で見、感じ、その瞬間はじめてこの新しい科学は本物であると、はっきり認識したのです。あとはもっと直接の体験を重ねて学んでいくだけでした。

この時期、特に1995年から翌年のはじめまでR－2が作動していた間、デンバーの空気はとてもきれいになりましたが、市の環境保護局がこの現象を自分たちの功績にしてしまいました。デンバーの空気がこれだけきれいになったのは保護局のおかげだというのです。でもR－2が瞬時にデンバーの広い地域を浄化していくのを目の当たりにした私には、ほとんど何も関与していない役所がその成果を横取りしているのは明らかでした。

そのうえジョンとスリムは、コロラド州のフォート・コリンズにある独立した研究機関に試験を依頼し、間違いなくR－2が彼らの言った通り実行しているのを証明したのです。試験官たちはこの装置を一定期間、作動させました。R－2の作動中は汚染レベルが低下し、止めると上昇したことが実証され、記録されました。彼らはこの試験を一定期間、何回も繰り返し実施しました。たしか3カ月ほどだったと記憶しています。さらに次にはカークランド空軍基地の米空軍が、この実験と、私がフェニックスで始めていた実験を見て、再検証を申し出てきました。私たちは承諾し、その結果、実際にR－2が空気を浄化していた事実がいっそう確実に裏付けられました。

研究所に戻ると、ジョンとスリムは私を座らせ、私がアリゾナ州の自宅に持ち帰って実験できるようにとR－2の提供を申し出てくれたのです。正直いって私はそのとき、長い間ほしくてたまらなかったおもちゃを与えられた子供のようでした。この驚くべき装置を使って一刻も早く家で存分に研究したいと、待ち遠しく感じたものでした。

１９９６年5月30日に私が家に帰ると、『アリゾナ・リパブリック』紙のこんな記事が待ち受けていました。フェニックス市でひどい公害問題が発生しているという内容で、アリゾナ州知事のフィーフ・シミングトン氏はフェニックスの公害のあまりのひどさに、その汚染レベル区分を「重度」に引き上げると述べていました。数日おきに警報が出され、状況は日を追うごとにひどくなる一方だというのです。

　シミングトン知事はこの対策としてオゾン対策特別班を設置し、法定代理人のロジャー・フェーランド氏をその長に任命しました。フェーランド氏は『アリゾナ・リパブリック』紙の記事で、解決策に関して「過激でも、風変わりでも、荒っぽくても結構。私たちはいかなる案もすべて検討します」と語っていました。さらに彼は、大気汚染はさまざまな健康問題を引き起こすうえ、観光産業にも打撃を与え、ほとんどすべての事業に悪影響を及ぼすので、なんとしてもフェニックスの大気を浄化しなくてはいけないと力説しています。

　そこで早速、私はフェーランド氏に、R―2をフェニックスに設置することに協力してもらえないかという手紙を書きました。私たちには独立した研究機関と米空軍の検証実績があり、しかも資金面の援助を要請しているわけではないので、当然聞き入れられると思っていました。ところがそうはいきませんでした。その手紙では、フェニックス市のために私たちが役立てる機会を与えてほしいと頼んだだけでした。かかる費用は全部こちら側が持つので、彼らはただ了解し、私たちのやることをモニターするだけでよかったのです。

　すると市のジョー・ギブスという人物から電話がかかってきました。彼らはR―2には関心がなく、どういう形であろうと支援はしないと言ってきたのです。私がこの回答にどれほど面食らったか、みなさんにもおわかりでしょう。そのとき、ようやく私はあの記事が政治的な演出であって、市は本気で公害を撲滅する気など毛頭なかったのだと気がつきました。

さいわい私の研究は誰にも止めることはできません。というのも、R－2は9ボルトの電池を使用していますが、作動させるにはミリ単位の電力で足り、連邦法では使用が1ワット以下の機器は規制されないことになっているからです。

そこで私は1996年6月4日、単独でスコッツデールの北はずれにあるケーブクリークという場所で最初のR－2を作動させました。その日、空気はあまりにも汚れ、乾燥していて、呼吸するのもやっとというほどでした。何カ月間も雨が降らず、サボテンも枯れはじめていました。最初の3日間は何も起こりませんでした。しかし4日目になって、私の家の上に小さな黒い雲が出現しました。私の家と小さなR－2の装置の上を除いて、相変わらずアリゾナ南部は全域にわたり雲一つない晴天でした。

その雲は日に日に大きくなり、どんどん広がっていきました。はじめ小さかった雲も、10日たつと直径25キロほどになり、ついにここ数カ月ではじめて雨が落ちてきて、雷まで轟いたのです。こんなすごい稲光は私もそれまで1～2回しか見たことはありません。嵐は何時間も続き、稲妻が何度も大きく空を切り裂いて走りました。空気がオゾンのしっとりした匂いを含んできました。そしてゆっくりと空が動いたかと思うと、どしゃぶりになったのです。雨はその時からほとんど毎日のように降り続き、大気の汚染は洗い流され、川と湖に新鮮な水が送り込まれました。

1996年9月1日にはR－2によって作られた波形が定着し、その日以降、大気汚染警報が発令されることはありませんでした。空軍がR－2の停止を要請してくるまで、その状態が続きました。空軍は、装置を停止したらどうなるのかを見たかったのです。

1998年5月12日、私たちはR－2を停止させました。その月の終わりには汚染が戻り、市は1996年以来はじめての警報を出しました。それまでの運転期間中（実は私たちは1997年3月にフェニックス市内に二台目のR－2を設置し、その頃から結果が目に見えて明らかになってきたのです）、フェニックス市の炭化水素の測定値は常に一桁を保ちました。ときどきフェニックスの中心街でも炭化水素がゼロになることがありました。まったくゼロだったのです。残念ながら、R－2にはオゾン汚染の原因である硝酸を除去することはできませんでしたが、炭化水素に関してはかなり有効でした。これは公的な記録として残されています。

この実験が終わり、R－2が成功したのは確かな事実でしたが、私の行動を監視していた米空軍がこのプロジェクトを中止するように要請してきました。彼らは中止した時点でどうなるか調べたかったのと同時に、環境庁が私のやっていることを絶対に許可しないだろうと漏らし、私に合衆国を離れるように忠告してくれたのです。そこで空軍からの励ましもあり、私は国外での実験を始めることにしました。

このように1996年6月から1998年5月まで、私はR－2を駆使して驚くべき結果をいくつか出しましたが、フェニックス市はどれ一つとして認めようとしません。とうとう私は市長にあてて次のような手紙を出しました。

1998年5月7日
フェニックス市長　スキップ・リムザ殿
1996年5月、『アリゾナ・リパブリック』紙はフェニックスの大気汚染がどのくらいひどいか、またフェニックスの未来がいかに危機的なものであるかについて記事を掲載しました。この記事のなかで、フィーフ・シミングトン州知事はオゾン対策特別班を設置し、法定代理人ロジャー・フェーランド氏をその担当に任命したと書かれています。その記事を同封します。このなかで、フェーランド氏は大気汚染に関して、「過激でも、風変わりでも、荒っぽくても結構。私たちはいかなる案もすべて検討します」と語っておられます。
私はその後、オゾン対策特別班のジョー・ギブス氏と話しました。私たちが1995年にデンバーで大気汚染除去システムを稼動させていた期間中、デンバー市は記録上、空気が一番きれいな年だったことを説明したのです。
ところがギブス氏は、そのシステムには関心がないと言いました。装置の使用電力は1ワット以下であるため、私たちが実験を望めばそれを禁ずる法律はありません。私たちはギブス氏に、自分たちの費用でこのテストを行うと伝えました。彼の返事はまたも「ノー」でした。
私たちの実験をモニターしてくれるだけでいいと頼みましたが、それも拒絶されました。私たちは、彼がまったく非協力的であったと感じています。先に引用した記事でフェーランド氏が述べていることと、まったく異なる態度をギブス氏は見せたのです。その数カ月後には、コロラド州フォート・コリンズにある独立した研究機関から私たちの装置が有効であるという検査結果を提出しようとしたら、彼は忙しいということでした。私たちと一緒に実験を行った空軍もギブス氏に電話してくれたのですが、それでも彼は関心を示さなかったそうです。

1996年6月4日、私たちはケーブクリークに約56キロメートルの範囲をカバーするごく小規模のシステムを設置しました。システムが起動するまでに3日間、そして安定するまでに3カ月かかります。1996年9月1日以降、このシステムは完全に機能しはじめました。フェニックスのような大都市ではシステムの装置が少なくとも10基は必要ですが、私たちにはそこまでの余裕がありません。1基だけの作動では、最新の自動車を25馬力で走らせるようなものですが、何もないよりはましです。

1996年9月1日以前には、フェニックス市の大気汚染警報の発令率が例年より高くなっており、環境保護庁の汚染レベルでは「重度」になる一歩手前でした。しかし9月1日以降は一度たりとも警報は発令されませんでした。そして汚染レベルも着実に下がりました。1997年3月にもう一基を空港の近くに設置しました。これによってシステムは強化され、フェニックス市の大気により大きな効果をもたらすことができました。

ニューメキシコ州のカークランド空軍基地では、私たちの試みに長年関心を持ってくれています。彼らはこの装置の稼動実験もいくつか行いました。もし空軍の見解にご関心があれば、パム・バー中佐にご連絡ください(電話番号××××)。

この手紙を市長殿に書いている理由は、１９９８年５月12日をもってこの大気汚染除去システムを撤去することになっているからです。すでに３週間前にシステムの調整を停止し、現在システムは機能していない状態です。本日より10日ないし12日後に、市の環境は１９９６年６月以前の状態に戻る可能性があります。この新技術にフェニックス市が示した反応から判断すると、もう市からのお返事は期待すべきでないかもしれません。しかし、もし私たちが大気を浄化するために役に立てるとお考えなら、どうかお電話をいただきたく思います。

地球への思いをこめて　　ドルー・メルキゼデク

この運転期間中を通じ、実際には何が起きていて、人間の意識がR―２のフィールドとどのように相互に関わりあっているのかが徐々にわかってきました。R―２は、人間の光の体（ライトボディ）であるマカバのイメージを物理的につくり出したものであることを私は発見したのです。したがってマカバの瞑想法と雨雲の波動を共に知っている人であれば、この二つの要素を組み合わせ、装置の助けを借りずに純粋な意識だけを駆使してR―２の機能を再現することが可能なはずでした。

このことを私は長い期間はてもなく考え続けていました。するとある日、私がオーストラリアでマカバについて教えているとき、生徒の一人がこう言いました。「もしR―２がある地域の大気を変えることができるなら、マカバを知っている人も同じことができるのではないですか？」と。彼も私とまったく同じことを考えたのです……

光の体（ライトボディ）による大気の浄化

そのときオーストラリア東海岸の北部一帯は大干魃（かんばつ）に見舞われていました。はっきりと覚えてはいませんが、たしか１９９７年から１９９８年頃だったと思います。森林火災があちこちで頻発し、火の止まる気配もまるでなく、その煙で空気が重く感じられるほどでした。とにかく、ひどい乾燥でした。

この生徒のほか三人ぐらいが見守るなか、私はマカバ瞑想を始め、自分のマカバを通して雨雲の波形の音を周囲何キロにもわたる環境に送りました。その日の午後は何ごとも起こりませんでしたが、翌日の朝、私たちは小屋の金属屋根にたたきつける激しい雨音で起こされたのです。上空は雲で覆われ、空一面に靄がかかっていました。私はベッドから飛び出して窓に駆け寄り、滝のような激しい雨が小さな家に流れ込んでくるのを見ました。私の胸は高鳴り、子供のように興奮したものです。

効果が現われたのだと私はわかりましたが、まだ一度きりですし、偶然かもしれません。しかし雨は3日間降り続き、私がアメリカに帰ってくる頃もまだ降っていました。帰宅した後、オーストラリアの友人から電話があり、２週間たっても雨がずっと激しく降り続いていると知らせてくれました。火災は治まり、政府は干魃の終焉を宣言したそうです。

私はこの出来事がずっと気になっていました。本当だったのでしょうか。普通の人間が瞑想をすることによって、実際に天候を変えることができるのでしょうか。２カ月後、私はメキシコシティの人々にマカバを教えていたとき、このオーストラリアの雨の話をしました。するとその中の一人が、「オーストラリアでできたのなら、メキシコシティでもやってくれませんか。息ができないほどここの空気は汚れているんです」と言います。

たしかに私も世界中歩いてきましたが、はっきり言ってこの都市ほど空気が汚れているところは初めてでした。２ブロック先くらいまでしか見えないのです。実際、昼間でも空は見えません。まるで茶色いドームの中で生活しているようで、息を吸うたび、ディーゼルトラックの後ろにいるような臭いがしました。実験場所としては間違いなく最適でしょう。

メキシコのピラミッド遺跡

そこで私は40人の証人を引き連れて、町の真ん中にある古代ピラミッドの遺跡に行きました。すぐ脇には高速道路が何本も走っています。私たちはぐるりと町を見渡せる、ピラミッドの頂上まで登りました。しかし実際にはぶ厚い大気汚染の壁に阻まれて、ごく近くまでしか見えません。

ピラミッドのてっぺんの、草の生えた平らな広場に、私たちは輪になって座りました。全員、私が次に何をするのかわかっていました。つまり瞑想に入り、私の自然のマカバ・フィールドをアンテナにして、雲の腹から稲妻が送り出される瞬間の雨雲の波形の波動をとらえ、大気に向けて送り出すのです。私はみんなと時計を合わせ、瞑想に入りました。

瞑想を始めて15分もすると、私の頭のちょうど真上の空に、青い穴がぽっかりとあきました。みんなが空を仰いで指さしています。穴は大きくなり始め、どんどん広がっていくのです。さらに15分くらい後には直径3~5キロメートルほどになりました。町の空には完璧な円形の穴があき、まるで汚れた空の一部を丸いクッキー・カッターでくり抜いたみたいです。

私たちは周囲をぐるりと茶色の汚染の壁に取り巻かれていましたが、この場所の空気だけ、きれいに澄んでいました。バラのようなかぐわしさが漂い、頭上には美しいピンク色の雲が出ました。

私たちの記録によれば3時間15分のあいだ、汚染の壁は動きませんでした。政府はなぜそこだけ空に穴があいたのか調べるためにヘリコプターを何台か送り込んできましたが、その結果は聞いていません。私はそのとき、どうなるかを見るために瞑想を止めることをみんなに伝えました。そして瞑想をやめたとたん、大気汚染の壁がどっと迫ってきたのです。15分後には私たちを呑み込み、あたりはメキシコシティの排気ガスと悪臭におおわれてしまいました。私たちは再び、街の光景を覆い隠す茶色いドームの中にいたのです。

アメリカに戻る機中で感じていたことを今でもよく覚えています。人類の問題すべての答えは私たちの意識にあるのだと、私は疑う余地なく理解したのです。長い飛行時間のあいだ興奮を抑えきれませんでした。その後、私は同じことをイギリスで2回、そしてオランダでも2回実行し、いつも完璧にうまくいきました。毎回少なくとも50人の観衆を前にしていました。そしてイギリスでの二度目の実験が、私の人生を劇的に変えることになったのです。

内なるハートの世界との出会い

そこはイギリスのどこだったか正確には思い出せないのですが、太陽がもう6カ月以上も姿を見せていない湿原でした。視界はどこまでも霧に覆われてしずくに濡れ、すべてがじっとりしていました。私は55人を前にマカバのことを教えていましたが、4日間のワークショップの最終日になって、大気汚染をきれいにする瞑想をやってみよう、とみんなに言ったのです。でもここには大気汚染なんて存在しないし、あるのは霧ばかりです。でも、私の内なる声は「だいじょうぶ。瞑想を行い、どうなるか見てみなさい」と言うのでした。

このイギリス人グループに、霧雨の中に出ていき、濡れた草地で輪になって瞑想することに同意してもらうのは至難のわざでしたが、最後にはみんな納得してくれました。私のことをちょっと頭がおかしいのではないかと思ったようですが、どうにか信じてくれたみたいです。

各自が傘とビニール・シートを持って草原に出ていきました。そうして私を入れた総勢56人が霧深い雨の中で輪になって座り、雨風をしのぐために傘を広げました。きっと異様な光景だったことでしょう。

静寂のなか、私は瞑想に入りました。何かはわかりませんが、少なくとも何かしら起きるという予感がありました。さて、15分もすると頭上の空に穴があき、メキシコで見たのと同様にそれが大きくなり始めました。ただし今回はもっと早く、もっと遠くまで穴が拡大して直径13キロメートルほどにもなったのです。真上は透きとおった青空でしたが、私たちの周囲はぐるっと高さ800メートルくらいの霧の塀に囲まれ、その霧の塀ごしに午後の太陽がぼんやり見えていました。そして、ことは起こったのです。

イギリスの湿原

輪になっていた私たちすべてにある感覚が訪れ、全員に神の存在が感じられたのです。私は鳥肌が立ちました。天を見上げると、頭上には満月がくっきりと明るく光っていました。でも、何かが違っていました。空があまりにも透明で大気がないように見えたのです。月のまわりには、聞いたことはありますが、見たことのないものが見えました。星です。真っ昼間だというのに、月のまわりにいくつもの星が見えるのです。これには驚きました。

　すると突然、私は地上の気配を感じました。リス、ネズミ、犬などといった小動物たちがまわりに集まり、一緒に見ているのです。たくさんの鳥たちが近くの木にとまり、やさしくさえずっていました。瞑想サークルの人々を見回してみると、みな変性意識の状態にあるのが明らかでした。私は聖フランシス*を思い出し、動物たちがささやかな存在である私たち人間に近づこうとしてくれるのを見て微笑まずにいられませんでした。

「ちょっと寒いな、太陽が出ればいいのに」という思いがふと私の頭に浮かびました。するとその瞬間、私たちの瞑想サークルに、さっと陽の光が射したのです。光源のほうを見やると、そこに小さな奇跡が起こりはじめていました。私が暖かさを求めたとたん、太陽を遮っていた霧の塀の、ちょうどぴったり太陽の位置に穴があき、それが大きくなって、まるで懐中電灯のように霧の暗がりにいる私たちを照らし出したのです。穴は一時間半ほど太陽の動きに合わせながら少しずつ位置を変え、祈りをあげている私たちにまぶしい光を送り続けてくれました。

　最後に私はもう充分見せてもらったと判断し、あと20分もすれば日が暮れるところだったので、瞑想を終えることをみんなに告げました。私がそう言うやいなや、まわりじゅうから濃い霧が取り囲むように迫ってきました。そしてものの数分で、あたりは再び湿原の霧雨にすっぽり包まれてしまったのです。

　それから私たちが立ち上がったとき、誰が見ても真の奇跡と呼べることが起こりました。このワークショップには10年以上も車椅子生活をしている男性が奥さんと一緒に参加していました。彼が

＊聖フランシス：13世紀の聖人、アッシジの聖フランシス（聖フランチェスコとも）。小鳥たちに語りかけることができ、その教えに小鳥もじっと耳を傾けたと言い伝えられている。

立っていられるのはほんの数秒ぐらい、それもちょっと座る位置をずらしたり別の椅子に移る時だけで、いつも必ず奥さんが手を貸していました。ところがこのとき、みんながサークルから立ち上がって歩きはじめると、この男性も車椅子から立ち上がり、車椅子をあとにしてみんなと一緒に宿に向かって歩きはじめたではありませんか。そう、彼は歩いていたのです。それは到底あり得ないことでした。彼は多少ふらついていましたが、確かに歩いています。

彼の妻は驚きのあまり、口もきけませんでした。あとで教えてくれたのですが、彼は歩いただけでなく脊椎がまっすぐになって、前より15センチくらい背が伸びたそうです。この草原での出来事で、私たちのハートからは圧倒されるほどの喜びがあふれ出しました。

私はヒーラーとしてこれまで何度といわず奇跡が起きるのを目にしてきましたが、一日でまた元に戻ってしまうこともよくありました。しかしこの男性は翌朝、にこにこする奥さんと二人で朝食のダイニングルームに歩み入ってきました。その後の様子は、彼らの友人である女性が毎年知らせてくれます。5年たった今も彼は普通に歩いているそうです。

これは湿原での体験の結果、現実というものの真の本質を見ることができた一人の男性のケースです。すべてはただ光であり、世界は人の魂の内側で創造されていることに彼は気づいたのだと思います。彼は疑いを超えて、自分自身の意識でみずからの病気を癒すことができると知り、それを実行したのです。

このイギリスでの経験は私の人生を変えました。そして、いまだ知られざる目覚めへと私をいざなってくれたのです。私は、人の魂の内には科学的・論理的な思考が考慮したことさえない、はるかに偉大な「何か」が内在していることに気づきはじめました。外なる世界は内なる世界によって創造されていて、それはどうしてか人のハートの中にあることが私にはわかったのです。それは確かな感覚でした。

この「何か」が人のハートの中にあるという確かな感じは、自分のマカバ・フィールドを通して雨雲の波動を送ったときに、その波動の発生源を感じたことから来ていました。それは私のハートの中でした。母なる地球への愛によって、またその愛を通じて、私はそこに導かれたのです。こうしてゆっくりと、自分の生命との関係について新たな理解へ向かう準備が整っていきました。

2章 暗闇での視覚

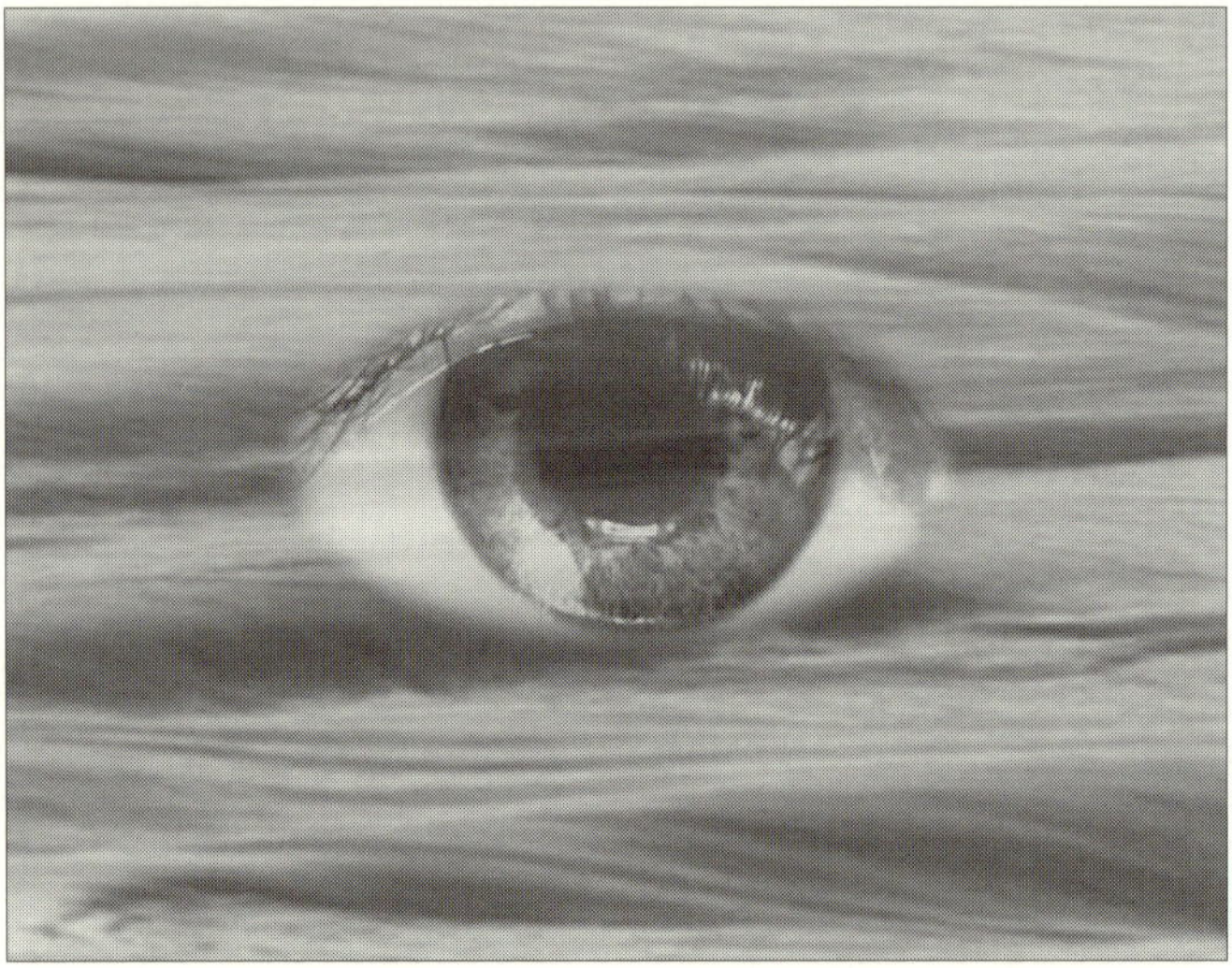

ものが見える全盲の女性

ニューヨーク・ジェッツ（プロフットボールチーム）のヘッドコーチだったピート・キャロルと私は友達で、もう何年も前のことですが、彼は私にある女性にぜひ会うようにと、ことあるごとに勧めました。なんでもその女性はとても不思議な人で、私にとってかけがえのない出会いになるに違いないというのです。私は忙しくて何カ月か彼を待たせてしまいましたが、ある日、ピートはその女性に私の電話番号を教えて、彼女から電話させてもいいかと聞いてきました。私は承諾し、そしてこの摩訶不思議な女性、メアリ・アン・シンフィールドと会うことになったのです（彼女のことは『フラワー・オブ・ライフ』の1巻でも簡単に紹介しました）。

メアリ・アンは完全に盲目で、厳密に言えば目を持っていないのと同じ状態でした。しかし彼女は普通に日常生活を営むことができ、それどころか本を読んだり、テレビをみたりすることさえ、人手を借りずにできたのです。

ＮＡＳＡの科学者たちは彼女がどうして「見る」ことができるのか、さまざまな角度から検査しました。彼らは、メアリ・アンが部屋に座っているときに頭の中で何を見ているのか聞きました。のちに彼女が話してくれたのですが、自分は宇宙を漂いながら、太陽系で何が起こっているのかをつぶさに観察していると答えたそうです。さらに興味深いことに、彼女はこの太陽系に束縛されていて、そこから出られないというのです。

もちろんＮＡＳＡは、メアリ・アンが「宇宙を漂っている」というのは信じられず、彼女が真実を語っているかどうか確認するために一つの実験を行うことにしました。それはＮＡＳＡの打ち上げた人工衛星の一つに接近して、そのシリアル番号か何かを読み取るというものでした。私はその詳細までは聞いていませんが、彼女はそれを正確に読み取り、ＮＡＳＡに伝えたそうです。そしてその瞬間から、メアリ・アンはいわばＮＡＳＡの所有物と化したのです。彼らはメアリ・アンを手放さず、今も自分たちの研究目的のために利用しています。そのようなＮＡＳＡとのおつきあいゲームは、私ならやらなかったと思いますが、彼女は続けたのです。

それはともかく、彼女はある日、私に電話してきて、それからというもの4カ月のあいだ毎週電話をくれました。私たちの生きるこの現実世界を彼女がどう把握しているかというアプローチ方法は、途方もなく興味深いものでした。彼女は自分のマインドから発するイメージの連続として現実を知覚するのです。誰もが「事実だ」と認識しているこの現実世界について、彼女はまったくそのようには受けとめていませんでした。毎週末、私たちは彼女の「イメージ」の世界の視点に立って、考えうるすべての事項について電話で話し合ったものです。

2カ月ほどたったある日のこと、メアリ・アンは私に、よかったら彼女の眼を通して世界を「見て」みないかと聞いてきました。私は二つ返事で同意し、どうすればいいのかとたずねました。彼女は、「ただ横になって、部屋をできるだけ暗くして」と言いました。

私たちの会話を聞いていた妻のクローデットがブラインドを下ろし、照明を消しました。それは深夜遅い時間で、おまけに新月の夜でもあったため、いつにない暗さでした。クローデットが部屋を暗くすると、私は自分の手も見えなくなりました。

メアリ・アンは、私が手を使えるように受話器を枕に立てかけることを勧めました。私はその通りにして、真っ暗闇の空間のなかで目を閉じ、起こりくることを待ちました。これから何か新しい体験が始まるという予感に、どきどきしていたのを覚えています。

1分ほどたって、何か見えないかと彼女が聞きました。でも、何も見えてきません。目を閉じたときに感じる暗さだけです。それから5分くらいすると、彼女はまた聞いてきました。私にはまだ何も見えません。すると間もなく、パッと明かりが灯ったような感じで、突如あるイメージが浮かびました。それはテレビのスクリーンで、信じられないほどリアルな存在感です。

生まれてこのかた一度も見たこともないようなそのスクリーンを、私は内なる眼でじっと見つめました。メアリ・アンはなぜか私が彼女の視覚映像とつながったことがわかり、「もう見えますね」と言いました。私には「ええ、これ、何ですか?」としか言えませんでした。「これは単にものを見

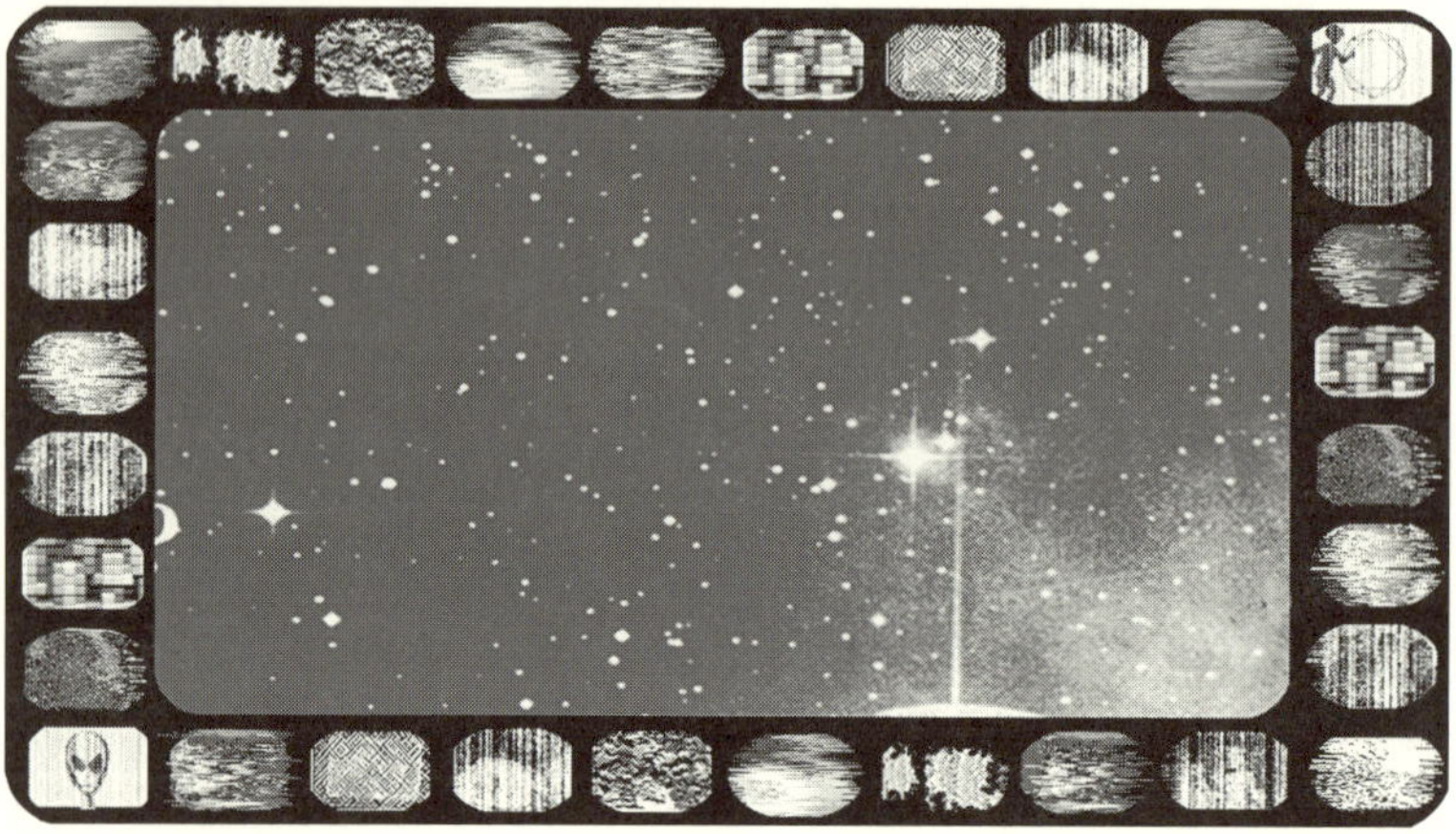
内なるスクリーン

るための別のやり方なんです。ところで、大きなスクリーンのまわりに、同じような小さなスクリーンがいくつも見えないかしら?」と彼女。
私の目の前35センチほどのところの中央に大きなスクリーンが見えました。そしてそのふちをぐるりと取り囲むようにたくさんの小さなスクリーンが――たしか上と下に7つずつくらい、両サイドには6つずつくらい――整然と並んでいます。小さなスクリーンの映像はとても速く動いていて、どれも中央スクリーンの映像に関連する情報を映し出しているのです。
メアリ・アンは私に、右上のスクリーンを見てそれだけに集中するように言いました。私はその通りにしました。そのスクリーンには幾何学形と生物のイメージが混ざり合って映っていました。つまり、犬がいたかと思うと、次には樹木と立方体、そして、犬と花、次に八面体、さらにはまた何か別の幾何学的なイメージといった感じです。これがものすごいスピードで次々と展開するので、私のマインドは追いついていくのがやっとでした。

メアリ・アンは、この右上の小スクリーンに映っているのは彼女の体のすぐそばにあるもので、目が見えなくても、このスクリーンが「見せて」くれると言うのです。なんという驚異でしょう。

その次にメアリ・アンは左下のスクリーンを見るように言いました。それはまた非常に動きが速く、なんとも不思議な映像でした。人間とは思えない人たちを映し出していたのです。しかも、ときどきイルカまで映るのです。メアリ・アンは、これは宇宙や他次元の「姉妹や兄弟」とのコミュニケーション・システムだと言いました。つまりETのことです！

目の前にあるものについて考える暇もないまま、今度は中央のスクリーンに何が見えるかと彼女に問われました。すると私は、自分が見ているのは窓の外だということに気がつきました。それはテレビの画面を見ているのとは明らかに異なり、実物そのものだったのです。私はそこに何千もの星ぼしが輝く、深い宇宙空間が広がっているのを見ました。このような星の姿を見たことはかつて一度もありません。そしてその宇宙のはてしない深さを私は自分の体の中に「感じた」のです。なんとも刺激的で爽快な体験でした。

その時期、ちょうどメアリ・アンはNASAの科学者たちに協力していました。NASAはこれから木星に激突するはずのシューメーカー・レビ第9彗星の21個の破片を彼女に追跡させていたのです。1994年のことでした。彗星の破片は太陽の裏側へとまわり、これから木星の表面に衝突するという、天文学史上劇的な瞬間を迎えようとしているところでした。

メアリ・アンが言いました。「ドランヴァロ、これから右に曲がるわ。体に感じるでしょうけど、心配しなくてだいじょうぶよ」と、その瞬間、私は体の向きが変わるのを感じました。でも実際にはベッドに横たわったままでした。スクリーンの景色が変化し、まるで時計回りに回転する宇宙カプセルの中にいるような感じでした。

すると正面のまっすぐ前方に、全世界が遠くから観測し続けている彗星の破片の一つが浮かんでいました。塵と氷でできた熱く光る火の玉と私たちの間隔は、100メートル余りも離れていなかったと思います。それはとても明るくて、まるで静止しているかに見えました。私はその「物体」を映画をみるような感覚で見つめていました。

最後にメアリ・アンが話しはじめました。「私は今、NASAに協力しているところで、彼らはこれらの彗星の破片に関するいくつかの疑問の答えを私に求めてきたわ。でも今この瞬間、私の見ているものをあなたにも見てほしかったんです。あなたはどう思う?」

そのとたん、私の焦点が別の体験レベルへと移りました。そしてメアリ・アンと私が普通の人と同じような見え方をしていることに気がつきました。つまり、前は見えていますが、後ろは振り返らなければ見えないのです。私は過去の体験から、よくETたちがいっぺんに全方位を球状に見ることができるのを知っていました。

「メアリ・アン、あなたの後ろには何があるんです? 今あなたが見ている現実ではなくて、そのもっと高次元の現実の中には……?」彼女は知りませんでした。「私は見たことないわ。考えたこともなかったけど」と言うので、私が後ろを見てもいいかと聞くと、かまわないと答えました。その承諾を受けて、私が振り返るから彼女は動かないようにと頼みました。

そして私は彼女の背後に何があるのか見ようとして、後ろを振り向いたのです。目にした光景はあまりにもショッキングだったので、これだけ時間がたっても、それを伝えようとすると不思議な感覚にとらわれます。メアリ・アンの持つ意識は人間のものではありませんでした。彼女の後ろは4次元で、前は3次元でした。彼女の意識は両方の次元とつながっていたのです。その時まで、そんなことが可能だとは思ってもみませんでした。

この体験は、4次元を経験したことのない人にはまず理解不能でしょう。しかし少なくとも、彼女の意識の後ろ側には、まったくもってユニークな世界が存在していたことは確かです。メアリ・アンの不思議な能力は、全盲にもかかわらず「見る」ことができるという以上のものだったのです。何より明らかなのは、彼女が地球の出身ではないということです。誰かがメアリ・アンのＤＮＡのサンプルを採取して調べれば、彼女の出自が生物学的には地球外であることを示す証拠を発見するでしょう。

メアリ・アンとはその後もさらに2カ月ほど対話を続けました。このスクリーンを体験して以降、彼女は、私に書きとめさせたイメージやシンボルだけを使って会話したがりました。中央スクリーンの右上にあった小さなスクリーンに映し出されていたイメージのように、彼女のコミュニケーションは生きた人間と幾何学形がミックスしたものでした。私の意識で理解するのはかなり骨が折れましたが、いつも彼女が言おうとしていることは何とかわかりました。

そうしてある日、私たちの関係は完了したと感じられたので、お互いに別れを告げました。この経験は私の知っているどんな事項にも分類できないものでしたから、私はそれを「摩訶不思議ファイル」にしまい込み、新しく得たこの知見がいつか他の情報とつながるのを待つことにしました。でも実際には何の期待もしていませんでした。「摩訶不思議ファイル」にそれを追加したきり、私は以前の生活に戻っていったのです。

中国のサイキックな子供たち

これについては『フラワー・オブ・ライフ』の２巻ですでに紹介しましたが、読んでいない人のためにもう一度ざっとお話ししましょう。私は特殊な能力を持つ中国の超サイキックな子供たちに関する『オムニ』*誌の記事を１９８５年１月に見ました。それがオムニだったこともあり、私は注意深く読みました。

それによれば、『オムニ』の記者たちは中国政府から、サイキックな子供たちを調べるために訪中を要請されたとのことです。中国政府のいうには、その子供たちは目隠しした状態で、耳、鼻の先、口、ときには舌、髪、脇の下、手や足など、体のさまざまな部位でものを「見る」ことができるの

＊オムニ：空想科学小説と科学記事がともに掲載されたアメリカのメジャー雑誌だったが、1998年に廃刊。

だそうです。

１９７４年、中国政府は初めて耳で「見る」幼い男の子を発見しました。彼は目がしっかり覆われていても、自分の見たいものに耳を傾けて「見る」ことができたのです。その後、体のさまざまな部位を使ってものが見える子供たち――ほとんどが14歳以下でした――が徐々に見つかっていきました。

このことは言うまでもなく『オムニ』誌の編集者の関心を惹き、１９８４年、彼らはその子供たちを研究するための調査団を派遣しました。中国政府はこの調査団のテストのために子供たちを集めていました。記事によると、調査団はだまされることがないよう慎重を期してこの現象に取り組み、中国政府が極秘裏に彼らの一挙一動を監視しているという想定下にテストを行ったそうです。

オムニ側が実施したテストの一つはこういうものでした。本を高く積み上げ、その中からランダムに一冊選びます。そして、誰かが適当にどこかのページを選んで破り取り、それを誰も見たり読んだりできないうちにくしゃくしゃに丸めて堅いボールにしてしまうのです。この状態のページを、無作為に選ばれた一人の子供の脇の下にはさみます。何回やってみても、中国の子供たちはそのくしゃくしゃに丸めたページを全部、一言一句正確に言い当てました。どうしてそんなことができるのでしょう？　オムニのメンバーにはまったく不可解でした。子供たちをいくつもの方法でテストした結果、この現象はどう見ても本物で、ペテンではないとしか彼らには言えなかったのです。

手と足でものが見える少女、インヘ・バルドール

また『フラワー・オブ・ライフ』２巻では、私が１９９９年にコロラド州デンバー市で講演をしたとき、インヘ・バルドールが手と足でものを見る才能を披露してくれた話もしました。

私がインヘと出会ったのは、メキシコでマカバ瞑想を教えていたクラスのなかでした。それは４日間のワークショップで、３日目になって私は体のいろいろな部位でものが見える中国の子供たちのことを話しました。

するとそのとき急に若い18歳の女の子が立ち上がって、こう言ったのです。「ドランヴァロ、それなら私にもできます。目隠しをして手と足でものを見ることができるのです。もしよければお見せしましょうか?」これはまったく思いがけないことでしたが、もちろん私はぜひ見たかったし、そこにいた１００人ぐらいの人々も同じでした。

真っ白な服をまとった美しいインヘは私の立っているところまで歩いてきました。そしてみんなに向かって、目隠ししたままものが見えるなんて信じられないという人はいませんか、とたずねました。すると二人の青年が立ち上がりました。

インヘはその二人を壇上に招くと、２枚のティッシュペーパーを渡し、彼らの目を覆うように指示しました。それから光がまったく入らないよう、二人の頭を長いスカーフでぐるぐる巻きにしま

した。二人とも目隠しによって光が完全に遮断され、目の前が１００パーセント真っ暗であることを確認しました。そして青年たちはスカーフとティッシュをはずし、今度はインヘが同じやり方で自分に目隠しをしたのです。インヘは彼ら二人が納得するまで入念にチェックさせ、ごまかしがないことを確認させました。彼女には光がまったく見えていないのを二人とも納得すると、インヘは実験を開始しました。

インヘは背もたれがまっすぐの椅子に座り、両足を床に平らにつけました。それから、誰か写真や、財布かバッグを提供してくれる人はいないかと問いかけました。一人の女性が自分のバッグから一枚の写真を取り出してインヘに渡しました。

インヘはすぐに写真の上下を正しく持ちかえました。そして写真の表面を3秒くらい指先でなぞったかと思うと、彼女の「見た」ものをみんなに説明しはじめました。それはリビングルームのソファに四人の人物が座っている写真でした。ソファの後ろには大きな絵が飾られ、他にはあまり何もありませんでした。ごくありふれたスナップ写真です。

インヘは「ここに写っている人たちや、この家について何か話しましょうか?」と聞きました。思いもよらないことです。そして写真を渡した女性がそこに写っている人たちについて質問をすると、インヘは彼らの名前と、たしか年齢まで言い当てました。その女性はどうしてそんなことがわかったのかと驚き、では家の中を描写してみてほしいと頼んだのです。

「今、廊下を通って右に行きます。左側の最初の部屋はあなたの寝室です」インヘは寝室に入っていってその部屋の様子を正確に描写し、ナイトテーブルに何が置いてあるかまで伝えました。それから廊下の反対側にあるバスルームに行くと、そこも完璧に描写しました。女性はびっくりして、その通りだと言いました。

その瞬間、さっき信じないと言った二人のうちの一人が席から飛び出してきて、全部ペテンだ、ペテンだと証明してみせると言い張りました。彼はズボンの後ろのポケットから財布を取り出して、その中から運転免許証を引き抜くと、インへに上下も裏表も逆にして渡し、「じゃあ、これは何だ?」と聞きました。

ためらうことなくインへは免許証を正しく持ち直し、「これはあなたの免許証です。何が知りたいですか?」と聞くと、青年は、「番号を読んでみろ」と言いました。インへは免許証の番号、彼の住所、そして免許証の基本的な情報を読み上げました。それでも彼は納得しません。

その青年は「僕しか知らないことが言えたら、信じよう」と言いました。インへは少し微笑んで、「あなたは今ここにガールフレンドと一緒に来ていますが、家にはもう一人ガールフレンドがいて、彼女の名前は×××です」(とインへは名前をみんなの前で言いました)。「そして、あなたは二人が顔を合わせないようにして、お互いのことがわからないように仕組んできました」青年はインへの手から免許証をもぎ取るように奪うと、この意外な事実に取り乱しているガールフレンドの隣に戻っていきました。そしてもうそれ以上、一言も発しませんでした。

インへが実演を続けるにしたがい、その能力はまぎれもなく単なる写真の透視をはるかに超えたものであることが明らかになっていきました。写真を撮った人の名前とか、シャッターを押したときに何を考えていたのかまで彼女にはわかったのです。私たちはみな一様に、自分が目撃したことが何だったのか不思議さに打たれました。それは実際に起こったことですが、でもどうしてそんなことがあり得るのでしょう？　いったい何が起こっているのでしょうか。（私はインへから、メキシコシティ近辺には体のあらゆる部位でものを見たり、その他のサイキックな能力を子供たちに教える学校が二つもあることを知らされました。インへは同じように特殊な方法でものを見たり理解したりできるメキシコの子供たちを、少なくとも１０００人以上は知っているといいます）

♥　♥

インへと彼女の母親エマが数日間、私たちの家族に会いにアリゾナの家まで遊びに来てくれたことがあります。そのとき私たちは超能力の実験をいくつかやってみることにしました。こうした人間の潜在的能力をじかに探究するのはとても楽しいものです。多くの人々が想像の産物と思っているようなことを、私は当時7歳と8歳だった娘たち、ミアとマレーと一緒に目撃したのです。

ミアは、インへが目を使わずに「見る」様子を何時間もじっと眺めていました。とうとう最後には我慢できなくなり、「私もインへみたいにやりたい、お願い」と言ったのです。インへは振り返り、ミアの目を見つめて、「ミア、これは誰でもできるのよ。私と同じように見てみたい？」と聞きました。

ミアは興奮して飛んだり跳ねたりして、「うん、見たい、見たい！」と叫びました。インへは自分の目隠しを小さくたたんだティッシュペーパーごとはずし、ミアの目に丁寧にかぶせました。インへはミアにまだ何か見えるかどうか聞いて、真っ暗になったと答えるまで目隠しを調整しました。

それからインへは積み重ねてあった雑誌をいろいろめくり、数分ほどかけて適当な写真を見つけ出しました。選んだのはアフリカで撮影されたらしい、サイが青い川を渡っていく見開きの写真でした。インへはこの雑誌をミアの膝に置き、その位置を把握できるように写真のふちを触らせました。そしてただ、暗闇の中を見つめるようにとだけミアに言いました。

数分後、インへは何が見えるか聞きました。ミアは「なんにも見えない。真っ暗よ」と答えました。インへは見続けてごらんと言いました。5分くらいして、インへはミアのそばに行き、ミアの肩に指を置きました。そのとたんミアは「インへ、見えるわ。大きな青い川をサイが渡ってるよ!」と叫んだのです。ミアはまだちゃんと説明できたわけではありませんが、何を言おうとしているのかは充分わかりました。

ミアがインへのように「見える」ようになったのは明らかでした。私はインへに、「ミアの肩のどこかに触れていたね」と聞いてみました。彼女はうなずき、それはミアが「見る」ためのアンテナのような役割をするのだと思う、と言いました。彼女の学んだ学校では、このような方法ではじめて「見る」ことを助けてくれたのだそうです。

あとで話した折に、彼女が「見ている」ときには頭の中でどんなふうに見えているのかと聞いてみました。するとなぜか彼女は答えをためらい、それでも私が問いつめると、やっと話してくれました。「いいわ、でもちょっと変なの。だから言いたくなかったんだけど……私に見えるのはテレビの画面のようなもので、真ん中のスクリーンの周囲にたくさんの小さなスクリーンがあるのよ。それらの小さなスクリーンは、真ん中のスクリーンについての情報を教えてくれるの」

思いもよらない答えでした。私は脳天を鉄のフライパンでガツンと一発なぐられたように感じ、メアリ・アンの話がどっと洪水のように甦ってきました。インヘが話してくれたことはよくわかりました。でもまさか、メアリ・アンの内なるスクリーンが超サイキックの子供たちにおいても同じだったなんて、とてもすぐには結びつきません。私はしばらく二の句が継げませんでした。

私はこうした子供たちに関する知見をすべて洗い直さなくてはいけないと思いました。本当なのでしょうか？　超サイキックの子供たちは全員、内なるスクリーンを通して見ているのでしょうか。

インヘによれば、少なくとも１０００人のメキシコの子供たちはみんなそうだというのです。

世界に見られる超サイキック現象

インヘ・バルドールといろいろ試してみる一方、私は『中国の超能力者たち（*China's Super Psychics*）』という本を書いたポール・ドングとトーマス・Ｅ・ラフィールの研究について読んでいました。それによると中国政府は、目を使わずに「見る」ことのできる超サイキックの子供たちを10万人も発見しているそうです。

中国政府はこうした子供たちを集めて特別な訓練をほどこす学校を設立しました。目の前で繰り広げられる不思議な現象を解明するため、政府は実際、子供たちを訓練すると同時に研究もしていたのです。

ドング氏によれば、子供たちが信じられないような超能力の離れ技を披露している間、中国政府の科学者たちはごまかしのきかないよう、一つひとつの実験を厳重に管理していたそうです。

そうした実験の一例は次のようなものでした。だだっ広いところに裸のテーブルがぽつんと置かれています。実験を記録するビデオが設置され、訓練を受けた科学者たちがどんな動きも見逃さないように見張っていました。科学者の一人が、まだシールされたまま未開封の、ビタミン剤のような錠剤が入った瓶をテーブルの中央に置き、そしてテーブルの隅にはコインか小石みたいなものを置きます。小さな子供がテーブルに向かいますが、何も触らないようにするために、あまり近づかせません。その子の超能力によって、瓶の中に入っていた錠剤は硬いガラス瓶を通り抜け、テーブルの上に出されました。それから、テーブルの端にあった小さなコインか石ころが浮き上がったかと思うと、シールされている空っぽの瓶まで移動し、そのガラスを通り抜けて瓶の中に入ったのです。政府の監視下、5000人余りもの中国の子供たちがこの実験をうまくこなしたところを見ると、これはあまり難しい技ではないのかもしれません。

何千人もの観衆が見守るなかで非常に珍しい超能力を見せた6歳の少女がいました。観客には入場前にあらかじめ一本ずつ、つぼみと葉のついたバラの小枝が渡されています。やがて舞台の上に少女が登場し、両手を波のようにゆり動かすと、部屋中のバラのつぼみがいっせいに開きはじめ、わずか数分で完全に開花したのです。もしこれがトリックだったとしたら実にたいしたものです。

これら超能力の子供たちのデモンストレーションは多種多様ありましたが、根本はきわめてわかりやすいものでした。つまり、中国とメキシコで何か途方もないことが起きているのです。私が次に調べなくてはいけないのは、これが地球規模の現象なのか、それともこの二つの地域だけに限った現象なのかということでした。

メアリ・アンとインへが同じ内なるスクリーンによってものを見ていたことを知った私は、中国の超サイキックな子供たちについて広範な研究をしたポール・ドング氏にどうしても問い合わせなければならないと思いました。（１９８５年以降、中国の子供たちの高次元意識やサイキック現象に関する研究は広く行われるようになり、『ネイチャー』誌をはじめ定評のある複数の雑誌が取り上げています。この分野はよく調査研究され、かなりの報告数があります）

私はドング氏の住むカリフォルニアまで電話をかけました。私たちは2時間ほどしゃべり、会話が終わる頃に、私はどうしても聞きたいと思っていた質問をしました。「中国の超サイキックの子供たちは目を閉じたときに何を見ているのでしょうか？　頭の中で何が見えるのか、という意味なんですが……」

彼の反応はインへに質問した時とそっくりで、ちょっと奇妙なんだがと口ごもりつつ話題を変えようとしました。私は10分くらい食い下がり、ようやく教えてもらうことができました。「ドランヴァロ、私自身は見たわけではないんだが、子供たちは自分の中にテレビのスクリーンみたいなものがあって、そこにいろんなイメージが現われると言うんだ」私は間髪を入れず、その中央スクリーンのふちを囲むように小さなスクリーンが並んでいるのではないのか、とたずねましたが、ドング氏はそれについては子供たちから聞いたことがなく、知らないとのことでした。

こうして、中国のサイキックな子供たちがテレビ・スクリーンのようなものを見ていることはわかりましたが、それがメキシコの例と同じかどうかまでは確認できませんでした。それにしてもこれは非常にエキサイティングです。偶然発見したものが普遍的な現象かもしれないと思うと、いまや是が非でも真実を突きとめてみたくなりました。

モスクワの国際能力開発アカデミー

「スピリット・オブ・マート」というスピリチュアルなホームページの記者兼作家であるコスティア・コヴァレンコは、私の書いた超サイキックな子供たちと内なるスクリーンの記事を読んで、モスクワ近郊にある超能力開発スクールでは、子供たちが内なるスクリーンを見る訓練を受けているだけでなく、もっとすごいことも実施していると教えてくれました。なんとその学校は、もし本当だとしたら世界を根底から永久にくつがえしかねない強力な事実を公言していたのです。

そこの生徒たちは目を使わずに内なるスクリーンが見えるだけでなく、本を数分ほど手に持つとその内容が内なるスクリーンに映り、あたかもパソコンでスクロールするように読むことができるというのです。その本に載っている文章であれ写真であれすべて見ることができ、本の内容も瞬時にすっかり理解してしまうそうです。

国際能力開発アカデミーと呼ばれるこの学校を創立し、運営しているのは、ヴィアチェスラフ・ブロニコフ*という人です。その名声と業績はワシントンまで届いていたようで、ヒラリー・クリントンは夫が大統領だったときにモスクワの学校を直接訪問しています。彼女はそこで何かを学んだのでしょうか。ひょっとしてニューヨークの上院議員になれたのはそのせいかもしれませんね。

それから何カ月かの間にコスティアは、別の教育法をとりながら同様のサイキック能力を開発しているロシアの学校をあと二つ教えてくれました。私は最初に考えていたよりもずっと大きなことに自分が関わっていたのだと気づきはじめました。

１９９９年には私自身がモスクワへ行くことになりました。モスクワのロシア科学アカデミーで人間の光の体（ライトボディ）、マカバについて話すためにクレムリンに招かれたのです。そこに滞在している間、私が超サイキックな子供たちについてたずねると、アカデミーのメンバーたちは、ロシアにそういう子供たちは何千人といて、みんなもう30歳くらいになると話してくれました。ロシア政府は中国政府とほぼ同じ時期、１９７０年代のはじめ頃から超サイキックの子供たちの存在について認知し

＊ヴィアチェスラフ・ブロニコフ（Viachеslav Bronnikov）：子供たちの無意識および超意識を開発するブロニコフ・メソッドを提唱。日本にもブロニコフ・センターがあり、少年少女を対象にトレーニングが行われている。

ていたそうです。なんということでしょう！　私は最初、てっきりメアリ・アンだけがたまたまそうなのだとばかり思っていたのです。

ジェームス・トワイマンとブルガリアのオズの子供たち

みなさんの多くが平和の吟遊詩人、ジェームス・トワイマンをご存知でしょう。彼は平和の歌をうたいながら世界中を渡り歩いています。彼が繰り返し歌いつづけるうち、各国の政府間で平和を模索しはじめる大きな動きが生まれました。私がジミー（ジェームス・トワイマン）とはじめて会ったのは、彼が旧友のグレッグ・ブレイデンと一緒にわが家を訪ねてきてくれた時でした。そのとき私たちは超サイキックの子供たちについて話し合ったのですが、ジミーはまだそうした子供たちと出会ったことはありませんでした。そして時は流れました。

ある日、突如としてジミーは超サイキックな子供たちに惹きつけられていったのです。誰かの家の小さな集まりで彼が話をしていた時のことでした。そこには最初、大人しかいなかったのですが、ジミーが話しはじめて間もなく、隣の部屋から12歳くらいの少年がやってきて、話しているジミーの横に座ったのです。

ジミーはその少年に注意を惹かれました。そして気がつくと、いつしか少年一人に向かって話をしていたのでした。そのあと二人は言葉を交わし、このマルコ少年がジミーに何かしたことによって、彼は内なるスクリーンを見たのです。ジミーには初めての体験でしたが、前に私からその話を聞いたことを思い出して、その晩、この突拍子もない出来事を知らせるためにわざわざ電話をくれたのです。

このひそかな出来事は、のちにジミーを驚くべき冒険へと導くことになり、その話は彼の著作、『愛と光の使者――オズの子供たち』で紹介されています。その本には、彼がどうやってマルコ少年の出身地であるブルガリアに行くことになったか、そしてついには修道士たちが子供たちに内なるスクリーンや体の各部位を使ってものを見る訓練をしているという、山の上の修道院を発見したことが書かれています。

現在ジミーはブルガリアの子供たちと、どうすれば世界が平和になるかをテレパシーで話し合っています。彼らの一番のメッセージは、平和は私たち一人ひとりの中にあり、実は私たち自身が愛の使者なのだということです。こうした視野に立ち、彼らは次のように問いかけてきます。「もし自分自身を愛の使者だとみれば、私たちはその真実を知って人生をどのように生きるでしょうか？」そしてこう言うのです、「今からそれを生きましょう」と。

まだ真の理解には至らないものの、暗闇の中で本当に見えるのだということが私にも少しずつ明らかになっていきました。光のもとでは目を使って見られるし、暗闇では体の別の部分を使って見られるのです。また、私たちは物事の単なる表面をはるかに超えたところまで見て知ることができるというのもわかりました。これがどこに私を導くのか定かではありませんでしたが、私は常に大いなるスピリットを信頼してきましたし、すべてはあるがままで全体であり、完全であり、完璧であると知っていました。ただ意識を開いたままに保っていれば、真理がおのずからその姿を明らかにしてくれるのです。

3章　先住民族に学ぶ

超サイキックの子供たちにまつわるさまざまな出来事を体験していたとき、暗闇で見ることの謎に迫るもう一つの手がかりが舞い込んできました。それはきわめて精妙繊細でありながら、これらの経験すべてを究極的にある方向へ導く鍵となるものでした。その鍵とは、子供たちの見ている驚くべき映像を創造し、彼らに知識を授けている、ハートの中の秘められた空間だったのです。

世界中いろいろな先住民族たちが、この壮大なミステリーのパズルの断片を一つずつ、時間をかけてゆっくりと私のところへ送り込み、私のスピリットの古代の記憶を呼び覚まそうと促してくれました。私を通じてテクノロジーの世界に変化が起こりはじめ、それによって世界の平和と地球環境のバランスが達成されることを望んでいると、たくさんの部族の人々が私に語ります。

アボリジニの長老たちから送られたエネルギー

１９９０年代の中頃、私はオーストラリアで開催されるイルカ・クジラ会議での講演を依頼されました。１０００マイルの大珊瑚礁を誇るこの土地の景観にたっぷり浸るつもりで私はクイーンズランドに到着しました。ここは本当に素晴らしい環境です。

　世界中の人々がイルカやクジラについて話し合うために集まってきました。それだけでなく、世界の環境に関する問題についても扱われます（人類が今の生き方を変えないかぎり、イルカやクジラ、そして他の生命も生きていけないのは明らかです）。

　私はその時期ちょうどＲ－２の実験をしていて、母なる地球とつながった一人の人間が、みずからの光の体（ライトボディ）、マカバを使って地球環境を変えることが可能なのだと発見したばかりでした。私はこの発見に興奮しており、会議の参加者たちがどういう人々なのかわかっていたので、自分の発表の番がきたとき、これについてきわめて個人的な見解からスピーチをしたのです。私たちは自分の思考や感情によってまわりの世界を創造することができ、ハートの中で母なる地球とのつながりを保ち続けることですべてが可能になるのだと訴えました。そして人間の光の体（ライトボディ）を使えば環境の浄化さえ実現できることも。

　私は話し終えると壇上から降り、次の発表者の話を聞くために会場の後方へ歩いていきました。すると、その途中で六人のアボリジニの長老たちの輪に引きとめられたのです。こちらへ来るようにと手招きするので、私は特に何も思わないで近づいて行きました。

　長老たちは私を輪の真ん中に座らせると、彼らの知っている真実を白人が話すのを聞いたのは初めてだ、と言いました。そして母なる地球は人が労せずとも必要なものをすべて授けてくれること、世界は光のみであり、人の意識は日常的な理解を超えたものであることを語ってくれたのです（ちなみに彼らは私たち現代文明人を意識の突然変異種（ミュータント）だと見なしており、彼らにしてみれば私たちはまだ外なる世界について学びはじめたばかりの赤ん坊のようなものです）。長老たちは、もしかまわなければ私がオーストラリアにいる間サポートしたいと申し出てくれました。そのサポートとは実際どういう意味だったのかわかりませんが、もちろん私はお願いしました。なんといっても彼らは本当に私たちみなの長老なのですから。

　このあと私は、ブリスベン、メルボルン、シドニーなどのオーストラリア各都市でも同様の話をしました。そしてどこでも私が話しはじめようとすると、聴衆の後ろのほうにはあのアボリジニの長老たちが輪になって静かな声で祈りの歌を口ずさんでいたのです。聴衆が１０００人を超えることもありましたが、長老たちから発せられるエネルギーはとても強く伝わってきて、場内に脈打つほどでした。彼らがどうやって私を見つけることができたのか、車も持たないのにどうしてそれほど遠い距離を旅することができたのかはわかりませんが、いつも必ず長老たちはそこにいてくれたのです。

マオリ族のハートの祈り

オーストラリアから戻って間もなくのこと、ニュージーランドの先住民族ワイタハ・マオリ族の霊的指導者であるマキ・ルカから、話したいことがあるのでアメリカの私の自宅を訪ねたいという申し入れがありました。彼は北米先住民の長老メアリ・サンダーを通じてこの希望を伝えてきました。メアリは私に電話をよこし、彼を車に乗せて連れてくるというのです。私は今まで彼らとまったく接触がなかったので非常に興味深く感じ、なぜ彼が私に話したいと言うのか見当もつきませんでしたが、二つ返事で快諾しました。メアリ・サンダーはマキ・ルカと何人かの仲間を連れてやって来ました。メアリはシャイアン族の素敵なおばあさんで、このとき以来、今もいい友達です。

マキ・ルカは体重が130キロ近くもある、迫力ある人物でした。彼はこの訪問に必要と思われた聖なる儀式の道具を運ぶために、部族の若者を何人か伴っていました。道具には40キロ近くあるものも複数ありました。どんな道具だったかははっきり思い出せませんが、とにかく重くて、運ぶのに二人がかりだったのを覚えています。そうした儀式の品々が、話をする私たちのまわりに次々と置かれていきました。

会話はすぐに世界の存続についての話題になり、それには現代文明の人間たちが古代の叡智を思い出さなくてはならないという話になりました。彼がはっきりと言ったのは、もし私たちが思い出せたら世界のすべてを変えてしまうようなコミュニケーションの方法がいくつかある、ということでした。なぜかはわかりませんが、これが彼の一番大事なメッセージであることは明らかでした。4時間ほどたくさんの問題について語り合ったあと、帰りがけにマキ・ルカは、いつか部族の者を私のところに差し向けるので、その人間が来るのを待っていてほしいと言いました。なぜ彼がそんなことをするつもりなのか謎でしたが、私はうなずきました。

♥　♥

数年後、私は家族と一緒にアリゾナ州に住んでいて、セドナ市からケーブクリークに引っ越しをすることになりました。私はワゴン車をレンタルして、次から次へと荷物のダンボールを積み込むのに奮闘していました（結婚してどのくらい荷物が増えたか信じられないほどです、クローデットも私もそれぞれに生活必需品を家一軒分ずつ所有していたのですから）。

私が山のような荷物を運びながら家とワゴンの間をもたもた行ったり来たりしていると、見知らぬ青年が近づいてきて「こんにちは」と挨拶します。28歳くらいに見える彼は「お手伝いしましょうか?」と完璧なカリフォルニア訛りで言いました。古びたブルージーンズに真っ白なTシャツを着て、にこにこ微笑んでいます。もしかして私がカリフォルニアにいた子供の頃か青年時代、近所に住んでいた人だったかもしれません。

私は「いや、大丈夫だ。もうあと少しだからね」と言いました。本音をいうと手伝ってほしかったのですが、彼の人の好さにつけこむのは虫が良すぎます。すると彼はまっすぐ私の目を見て、静かに心をこめて言うのです、「僕は本当に何もすることがないので、お役に立てたらとても嬉しいんです」と。どうして断れるでしょう。

そして私たちは一緒に荷物を運びはじめました。彼はあまりしゃべらず、仕事に集中してどんどんこなしていきました。黙々と働き、ワゴンにすべての荷物を載せ終えると、私は彼にお礼を言い、何かお返しにできることはないかとたずねました。彼は、「いいえ。でも、ぜひ新しいお宅で荷物を下ろすのもお手伝いしたいんですが、いいでしょうか?」と聞くのです。

そんな気前のいい話があるでしょうか。「いや、そこまでは頼めないよ。でもいろいろと本当にありがとう」すると彼はまた私の目を見つめて言いました。「どうか手伝わせてください。あなたは手助けを必要としているし、僕には何もすることがなくて本当にお手伝いしたいんです」私はなんだか彼とどこかで知り合いだったような気がしてきました。そして心の兄弟のように感じたので、思いきって彼の申し出を受けることにしました。「よし、わかった。じゃあ乗ってくれ。しかし君も変わってるなあ」

新しい家まで2時間半ほどの道中、彼の話を聞くことができます。荷物を積むのを手伝ってくれたあいだ彼は何も話しませんでしたが、今は車の中にかんづめです。

セドナを出てからすぐ、彼がどこから来たのか聞いてみました。カリフォルニアと答えるだろうと思っていたら、「ニュージーランドからです」と言い、それ以上説明しません。私はびっくりして彼を見ました。「てっきりカリフォルニア出身だと思ったよ。しばらくカリフォルニアに住んでいたことがある?」すると彼は私の視線を避けながら、「いいえ、アメリカに来たのは初めてです。2週間ほど前に着きました」と答えるのです。

私は彼のほうに向き直ると、「どうやってそんなに完璧なカリフォルニア訛りを覚えたんだい?」とたずねました。彼の答えは私を驚愕させました。「3週間ぐらい前に習ったんです、私の部族の人から」私の好奇心はいっぺんに衝撃へと跳ね上がりました。「えっ? 完璧な英語を一カ月もしないうちにマスターしてしまったって?」「ええ、簡単でしたよ」

私が衝撃からまだ回復しないうちに、彼は「マキ・ルカを覚えていますか? 彼が私をあなたのもとに遣わしたのです」と言いました。マキ・ルカが誰かを送ると言った約束をすっかり忘れていた私は、またもや不意打ちにあって絶句しました。「冗談だろう」とも言えません。それもへんです、マキ・ルカに送られて来たなんて、実際にそうでなければ言えないのですから。私以外、誰も知らないはずです。

一瞬にして私は自分がとても深いスピリチュアルな現象の渦中にいることを悟りました。体のエネルギーが変わるのがわかりました。彼のほうを向き、「どうやって僕を探しあてたの?」と聞くと、答えはいたって明快でした。「簡単です。自分のハートに従ったのです」

少し間をおいて彼は言葉を続けました。「実際には、まず最初にホピ族のところへ行く必要がありました。私の部族とホピ族は預言を共有することになっていると教えられ、私が彼らのところへ行くよう選ばれたのです。そのあとであなたを探すように言われていました。私はまっ先にホピの人々に会いに行きました。そこで何が起きたのか、お話ししてもいいですか?」私が話をさえぎるわけなどありません。すると彼は、たいていの人なら信じないような、こんな話を聞かせてくれたのです。青年は古トラックの中で座り直し、体をやや私のほうに向けました。

「私が三番目のメサ*に着いたのは深夜遅くでした。でもホピの人々はなぜか私が来るのを知っていて、泊まるところまで用意されていました。次の日、彼らは私をキーヴァ**の一つに案内し、結局そこで三日三晩、彼らとともに暗闇の中で滞在することになったのです。

彼らは、ちょっとした頼みごとには私も理解できるスペイン語を使いましたが、預言はほとんどビジョンやイメージで伝えてきました。私はそれに答え、未来に起こることに関して私たちの知る真実をいくつか伝えました。そして3日目の夜、彼らは私に古い粘土の壺を手渡して、それをどう感じるかとたずねました。

最初は何も感じなかったのですが、何時間かその壺を手に持っているうちに知覚の波のようなものが私をおそい、途方もないビジョンがやって来ました。私は何百年も前にホピだったことが見えたのです。この壺を作ったのは自分でした。そして壺の中にイメージを封入して、数百年後に自分が思い出せるようにしたという記憶も甦りました。

ビジョンのなかで私は自分のすべてを思い出し、ホピの人たちと一緒に暮らしていたことも思い出しました。すべてを思い出すというのはとても心が満たされ、驚くべきことです。ホピの言葉も

---

*メサ：アメリカ南西部の砂漠地帯によくみられる、頂上が水平になっている台地。
**キーヴァ：アメリカ先住民族の人々が儀式や集会を行うための半地下の大広間。

瞬時に思い出しました。そのあと私たちはホピの言葉だけで会話しました。それが今から3日前のことです」

こんな話を聞いて、何と言えばいいのでしょう。少ししてから私は質問しました。「預言について彼らとどんなことを話したのか、聞いてもいいかな?」彼はとても話したそうな様子でしたが、「すみません、預言については誰にも話すことを許されていないんです」と言いました。

そのあとは彼がアメリカに来てからの雑談になりました。彼は、アメリカは住むには異常なところだと考えていました。私たちアメリカ人は自然や真実の世界から遠ざかりすぎているし、テレビはマインドのマスタベーションだと思ったようです。

ほどなく私たちは目的地に着き、新しい家の前にトラックを止めました。すると彼はまた寡黙になり、荷物を下ろすのを熱心に手伝ってくれました。全部荷物を運び終えると、彼はセドナに戻る前に、この新しい土地で儀式を行いたいので許可してほしいと言います。この儀式はのちのち、祈りの力、特にハートの祈りの力について、私に重要な教訓を授けてくれることになりました。

私たちの買った土地はほとんど完璧な正五角形をしていました。マオリ族のその友人は、五角形の各頂点にあたる場所で祈りをあげてもいいかと聞くので、もちろん承諾しました。私たちも一緒にそれぞれの地点を順繰りにめぐり、彼は深い敬意とともに祈りをささげました。「愛する創造主よ、どうか友人ドランヴァロへの私の祈りを聞き届けてください」と。つづいて、すべての動物たちがこの土地に安全な住処（すみか）を見つけられるように、ここに住む人が全員健康で幸せで、害をこうむることのないように、そして最後に誰もこの土地を私から取り上げることのないようにと祈ってくれました。実際にはもっと長かったのですが、主旨はこういうものでした。

それからすぐ私たちはまたセドナに取って返しました。彼はそこで私に大きな別れのハグをして、最後に私の目をもう一度見つめてから去っていきました。それ以来、彼とは会っていません。

さて、私たちが新しい家に引っ越してから気がついてみると、敷地内のいたるところで動物が寝ていました。私たちの土地は1エーカー（約4000平方メートル）ほどで、その半分くらいは家の塀で囲われていました。そのわずかな土地の中に、普通なら一緒にいられないはずの動物たち、たとえばシカとイノシシとコヨーテなどがお互いにそばで眠っているのです。コヨーテはたいてい穴の中で眠るものですが、ここでは違っていました。動物たちはそれぞれ数メートルも離れずに寝ていたのです。これほど多種多様な動物たちをここに呼び寄せてくれたマオリの祈りに、妻と私はよく笑いながら感謝しました。またその一帯にはサソリ、ガラガラヘビ、アメリカドクトカゲなどが数多く生息しているのに、一度も噛まれたり刺されたりしたことはありませんでした。

3年半がたち、私たちはそこから再び引っ越すことになりました。その家はとても人気の高い地域にありましたから、不動産屋いわく2週間くらい、遅くとも30日以内には必ず買い手がつくと自信たっぷりでした。ところがなぜか1年が過ぎ、何百人も下見に来たというのに、私たちの美しい家はいっこうに売れません。一体どうしたものでしょうか。

ある晩のこと、クローデットが突然夜中に目を覚ましてこう言いました。「ドランヴァロ、覚えてる？　マオリの青年が、私たちの土地が誰にも奪われないように祈ってくれたじゃない？　あの祈りを解かないと、この家は決して売れないわ」

翌日、私たちは正五角形をした土地の五つの頂点を訪れ、マオリの祈りの効力を変えるために祈りました。その5日後、私たちの家は売れたのです。

コギ族との出会い

先住民族の人々との出会いが、単なるスピリチュアリティや人間の可能性についての学びだけに終わらなかったのは、コギ族のおかげでした。コギ族の人たちが教え示してくれたことによって、私は暗闇の中でものが見えるという霊的な視野を啓発されたのです。彼らの助けなしには決してハートに秘められた空間は発見できなかったでしょう。彼らの愛あふれる支援に、私は永遠の恩義を感じています。

当時、私はアメリカのメリーランド州で「アース・スカイ・ワークショップ」を終えたところでした。ある白人の青年が訪ねてきて、南米コロンビアのシエラ・ネバダ山脈に住むコギ族からのメッセージを、グアテマラのマヤ族に頼まれて届けに来たと言うのです。私は彼の話を聞くことにしましたが、コギ族という名前は初耳でした。

青年の話では、コギ族はシエラ・ネバダ・デ・サンタマルタの山中を高く分け入ることにより、1500年代のスペイン人の侵略を免れることができた数少ない部族の一つでした。そこは踏み入りがたい場所だったので、彼ら本来の文化や信仰をかなり保つことができ、今でも1000年前とほとんど変わらない生き方をしています。

コギ族の村

その部族には「マモス」と呼ばれる人々が存在し、彼らは厳密にいうと人間ではなく、世界の生態系のバランスを保持する地球意識の一部なのだそうです。コギ族の人たちはマモスがいなくなると地球は死ぬと信じています。

マモスはコギ族にとって宗教的指導者でもあり、キリスト教徒にとってのイエス・キリストや、イスラム教徒にとってのマホメットと同様に敬われています。この話をしてくれた青年によれば、マモスたちは真っ暗闇の中でもものが見え、内的なビジョンと、母なる地球（彼らはアルナと呼びます）との親密な絆によって世界を見守っているとのことです。

並はずれて興味深いことに、コギの人たちは部族のなかにマモスである赤ちゃん、あるいはゆくゆくマモスになる赤ちゃんを見つけると、特別な養育と訓練のために非常に変

コギ族の人々

わったところへ連れて行くのです。昔は完全に真っ暗な洞穴でしたが、今は光が入らない、すべて天然材でできた特別な建物に連れて行きます。その子供は成長するあいだ白い食べ物しか与えられず、そこはほとんど真っ暗ですが、視力がなくならないよう最低限の光だけが入るようにされています。そしてここで特殊な霊的訓練を受けるのです。子供は9年間、暗闇の中で生活しながら、現在世界中に出現しているサイキックな子供たちと同様、目を使わないで見ることを学びます。9歳になると子供は外の光のもとに連れ出され、今度は目を使って見ることを学びます。なんという体験でしょう。この素晴らしい惑星を9歳になって初めて目にするということがどんなものか、想像がつくでしょうか。

コギ族とマモスについて私に話をしてくれた青年はまた、なぜ彼が私のところに派遣されてきたかについても話してくれました。マモスたちは世界中どこでも見えるだけでなく、ホピ族、マオリ族その他の民族と同じように、未来も見えるのだそうです。マモスの未来予知は今まで一度もはずれたことがないと青年は言いました。

マモスたちによると、20世紀最後の日食であった1999年8月11日までには、世界でテクノロジー中心文明の人たちはみな地球意識の別次元に行き、先住民族や自然派の人たちが物理的な地球を引き継ぐと言われていたそうです。（これは聖書にある「柔和な人々は地を受け継ぐ」[＊]という言葉を思い起こさせます。また、「眠れる予言者」エドガー・ケイシーの、1998年までに地球の極移動が起こって大変動がもたらされるという予言にも似ています。ニューエイジの人々の多くが、それは世界の意識が4次元に移行することだと解釈しました）

青年はさも強調するかのように私に近寄り、声を低めてこう言いました。「1999年の8月12日に、マモスたちはテクノロジー文明の私たちがまだ地球のここにいることに気がつきました。そして彼らは長い歴史において初めて預言が的中しなかったのはなぜなのかを知るために、深い瞑想に入ったのです」

彼の話によると、マモスたちは暗闇の中で、地表を覆うほどのおびただしい光を見たそうです。以前には存在しなかった光でした。これらの光を調べてみると、古代において「マカバ」と呼ばれていた光の体（ライトボディ）を修得した人々の光だとわかったというのです。マモスの信じるところによれば、これらの光の体（ライトボディ）をもった人々が歴史を変えてしまったのです。

私がマカバの科学の教師として知っているのは、マカバをいったん思い出しさえすれば、私たちは一定の訓練により自分の思考と感情を使って外側の世界を変えられるということです。マモスによると、一部の人々が外側の世界を大きく変えたため、新しい現実が生まれたのだそうです。これはマモスたちにも予見できませんでした。なぜなら、それは未来から発していることで、過去から

＊新約聖書「マタイによる福音書」5章5節より

来たものではないからです。もちろん、これが真実なら、人間の潜在的な能力についてより深いレベルが明かされたことになります（ご参考までにいうと、私たちがこの内なる能力の使い方を知っているとはマモスたちも思い及ばなかったのです）。

ここに興味深い情報があります。私が最初にR―2を、次にはマカバを使って大気汚染を浄化していた頃、米国空軍が私に接触してきて個人的に話した際に、面白い話を打ち明けてくれたことがありました。当時、私たちがマカバを活性化するやいなや米軍の黒いヘリコプターに包囲されてしまったことがよくあり、それは私自身も見たし、マカバの生徒たちの多くも見たと話していました。しばしばそれらのヘリコプターは執拗にとどまり続け、何週間とか何カ月間もずっと私たちをマークしていたのです。空軍の少佐の話では、マカバの円盤が広がるとき、マカバ・フィールドの中の一人の人間は人口1万5000人規模の町に匹敵するエネルギー（磁気的パルス）を発するのだそうです。空軍の人工衛星にも人間の光の体（ライトボディ）は観測され、その像が空軍のコンピューター画面に映し出されるというのです。これは米軍にとって何年ものあいだ重大な頭痛のタネだったようですが、今では彼らもそれが単にこの時期に地球に展開しつつある新しい意識の一現象だと理解しています。そんなわけで、空軍にもマカバが「見える」くらいですから、コギ族のマモスたちに見えたとしてもなんら不思議はありません。

青年は無垢な表情で私を見て言いました。「コギのマモスはあなたがマカバについて教えを広め、そのプロセスによって世界を変えてくれたことにお礼を言いたいそうです」そして彼はマモスからの感謝の贈り物として、きれいな赤いコットン生地にくるまれた小さなタバコの包みを渡してくれました。こんなことにはなるとはつゆ知らず何の準備もしていなかった私は、とっさにまわりを見回して、近くにあった花瓶から赤いバラの花を一輪抜き取り、マモスへのお返しにしたのでした。こうして会見は終わったのです。

青年が帰った後、私はこの出来事についてしばらく考えていましたが、いつもの生活に戻るとすぐにまた忘れてしまいました。まさか再び彼らから連絡があるとは考えてもいませんでした。

ところが2カ月くらい過ぎ、別のワークショップを開催していると、また例の青年がコギ族のメッセージを携えてやって来ました。今度はマモスが「言葉のない言語」を私に教えるために会いたがっているというのです。これまでコロンビア国外に出たことのあるマモスはわずか三人しかいないそうですが、私が望めば何らかの手はずを見つけて会いに来たいとも伝えてきました。しかし本当は私に南米コロンビアのシエラ・ネバダ・デ・サンタマルタまで会いに来てほしいと願っていたのです。

私はこのメッセージについてしばらく考えてから、深い瞑想に入り、私の二人の天使にこの新しい冒険に乗り出してもよいかどうか問い合わせました。二人の天使は私を見るなり、探究すること——たとえそれがどんな体験になろうとも——を認めてくれました。私は目を開くと、「よし、これを受け入れよう」と宣言しました。

次に私は、自分がコロンビアの山まで行くか、マモスに会いに来てもらうかを選択しなければなりませんでした。私は翌年までスケジュールがびっしり埋まっていたので、彼らに来てもらえないだろうかとその青年に頼みました。彼はためらいなく「そのようにお伝えしましょう」と答え、あとは何も言わずに帰っていきました。

私は家に帰る飛行機の中でやっとこのことを振り返る時間ができました。コギ族のマモスがどうやって私に会いにくるつもりなのかわかりませんが、必ず会えることは確信していました。というのも、先住民族の人たちはこの日常世界では信じられないようなやり方で通じ合うのを個人的に見てきたからです。たとえば以前こんなことがありました。

ニューメキシコ州のタオス・プエブロ族が白人と一緒に痛みを癒す儀式をするので、私にも参加してほしいと依頼してきました。この儀式は、ペヨーテ信仰*を持つネイティブ・アメリカン教会によってタオス・プエブロ族内で催されることになっていて、ある日の日の出の時刻に設定されていました。ところがその日がやって来ると、太陽が地平線から昇る直前になって、三人のウィチョール族**のシャーマンたちがいきなり儀式の会場に現われ、参加を願い出たのです。彼らはすっかり儀式用に正装して、髪には羽根飾り、顔や体はきれいに彩色されていました。

儀式を先導していたタオス・プエブロ族のジミー・レイナが、この儀式については誰も他言してはいけないことになっていたのにどうして知ったのかと問いました。すると彼らは、メキシコでペヨーテの儀式を行っている時に儀式のビジョンを見たのだと言いました。彼らの長老たちがこの三人を儀式に参加させることを決め、彼らはこの行事にふさわしい身支度を整え、タオス・プエブロまでの道のりをずっと歩いてきたのです。

＊ペヨーテ信仰：ペヨーテとは幻覚作用をもつサボテンの一種でテキサス南部からメキシコ中部にかけて自生する。ネイティブ・アメリカン教会によるペヨーテの儀式は米政府も公認。
＊＊ウィチョール族：メキシコの先住民族の一つで、やはりペヨーテ信仰を持つ。

これは驚くべきことでした。彼らは国境からメキシコ側へ480キロのところに住んでいて、さらに国境を越えてからタオス・プエブロまで、さらにもう480キロ歩かなくてはなりませんでした。おまけに960キロも歩くあいだ、途中で誰にも呼びとめられなかったというのです。メキシコとアメリカの国境になっているリオ・グランデ川を渡り、幹線道路を歩きづめ、鉄条網を越えて、それで私たちの儀式が始まる5分前に到着したのでした。しかも完璧ないでたちで。人生や人間の可能性というものは、私たちの日常的な考えをはるかに上回っているのです。

ですから、私はマモスから何かしら接触があるのをひたすら待つのみでした。どんなふうにその時がやって来るのか、まるで想像もつかなかったのです。

コロンビアの女性

2～3カ月後、私はメキシコのクエルナバカという、メキシコシティからほど近いところで「アース・スカイ・ワークショップ」を開いていました。参加者は100名以上でしたが、たまたまそのうち20人ほどがコロンビア出身でした。

それらのコロンビア人のなかに40代前半の女性がいて、彼女はごく普通の現代女性に見えましたが、神の存在を感じるための踊りや祈祷といった実際の儀式が始まったとたん、人格が一変してしまったのです。すっかり解放的で野性的になり、祈祷や音楽に没入し、われを忘れた勢いで踊っていました。とても現代女性とは思えない様子です。

私は美しいと思って見とれていましたが、ほかのコロンビアの女性たちは彼女の行動を恥じているようでした。４日間のワークショップのなかで連日その女性がこうした「尋常でない振る舞い」を続けるうち、まわりの女性たちのイライラはどんどん募っていきました。３日目に、みんなで手をつないで大きな輪になって意識を高める祈祷をしていたところ、例によって彼女が輪の真ん中に飛び出して、祈祷に合わせて狂ったように踊り出しました。15分くらいするとコロンビアの女性たちはもう耐えられなくなり、私に彼女を制してくれと身ぶりで合図してきます。彼女の踊りはあまりに見事で私は止めたいとは思いませんでしたが、みんなの気持ちを考えて輪の中央に歩み入り、彼女をグループに連れ戻そうとしました。

背後から近づき、その肩を軽くたたくと、彼女はさっと振り返りました。そのとき、彼女は私の目を透過して魂の奥まで見つめ、彼女の体から不思議な音が発せられたかと思うと、その音が私の体を包み込んだようでした。その瞬間、私はもはやクエルナバカのセミナールームにはいませんでした。そこは草葺き小屋の点在する、まったく異郷の地でした。白い服をまとった人々が私を見ています。一匹の犬が私の脇を駆け抜けていきました。それはまったくリアルな現実でした。

私は自分の体でなく、女性の体を通してあたりを眺めていたのです。未知の不思議な感覚がどっと押し寄せてきました。それは性的な感覚のようでありながら別のものでした。あえて言えば本当にとても心地よい感覚でした。そして私がまさにこの新しい現実を受けとめようとした矢先、再び自分がクエルナバカの部屋にいて、この不思議な女性の目を見つめているのに気がついたのです。私も過去にずいぶん変わった体験をしてきましたが、こんなことは初めてでした。

その瞬間、私はもう一度あの感覚に戻りたいと思いました。まだ祈祷の真っ最中だったので、私はワークショップのリードを別の人に頼み、この女性の手をとって部屋のすみに行きました。そして彼女を座らせると、その素直な茶色の瞳を見て、「もう一度、やってみてください」と頼んだのです。

彼女はにっこりすると、また例の音を出しました。そして私は再びメキシコのクエルナバカではなく、コロンビアにいたのです。祈祷をやめて私たちを見ていた人によれば、私はそれから2時間ほど変性意識の状態にあったそうです。

私は彼女と一緒にいた短い時間のなかで、実際に何が起こっていたのかを知り、理解しました。とてもよくわかりました。私が実際にこのコロンビア女性の体にいる間、二人の年老いたコギ族のマモスが説明してくれたのです。

彼らはこう言いました。「私たちは山を降りて、特殊な能力を持つ女性がいるという近くの村まで行きました。そしてその女性に、あなたと連絡がとれるようにしてほしいと頼んだのです。彼女は同意してくれました」

それからの話は以下のようなものでした。エマという名のその女性は丸い草葺き小屋の中で、ぶ厚い草のベッドの上に横たわりました。彼女のスピリットは肉体を抜け出し、山のふもとまで降りて、コロンビア人の女性の住むスペイン風の日干しレンガの家へ行きました。エマがこの女性の許可を得たかどうかはわかりませんが、その体に入り、言葉のない言語を私に教えるという目的のために、私のメキシコのワークショップに参加するよう彼女の心にインプットしたのです。

興味深いことに、このコロンビア人女性は現金のほか何も持たず、パスポート、ビザ、出生証明書など自分を証明するものが何もないまま、飛行機の切符さえ持たずにメキシコのワークショップに来ていたのです。誰かが彼女に航空券を買ってあげたのかもしれませんし、現に私がアメリカを出国する前には、彼女を無料でワークショップに参加させるようにと天使たちからメッセージがありました。しかし何の証明書類も持たない彼女が、どうやって税関などを通過できたのでしょう。一体どうやってコロンビアからメキシコまで飛行機に乗ってやって来て、また帰ることができるのでしょう。きっと誰一人、彼女のことが「見えなかった」のかもしれません。

私が部屋のすみでエマの不思議な音から学んだことは、マモスがいかにして私を空間移動させたかなどという問題をはるかに超えたものでした。私はこの新たな能力によって、女性としての体で実際のコギの地を年老いたマモスのシャーマンたちと一緒に歩いたのです。その肉体に入っているのが私であると彼らが知っていることもわかりました。シャーマンたちは一人ずつ私の顔の前まで近づき、不思議な音を出しました。

音を聞くたび、瞬時にして私は違う現実世界に入り、そこで彼らがその歴史や文化や霊的な信仰などについて教えてくれたのです。このきわめてリアルな体験が終わる頃には、私はその体を貸してくれている女性について夫のことも三人の子供のことも、自分の家族のように何もかも知っていました。この体験の間じゅう、ずっと二人のマモスが私のそばについていてくれましたが、彼らのことも家族同然によくわかりました。

その一人はアモス・ベルナルドで、彼はその後、数カ月にわたって私のガイドになってくれました。古い法則をすべて捨て去った素晴らしい新世界の中へと、私はまるで生まれ変わったような感じでした。これまで馴染んでいた古い世界は夢で、この新しい世界こそが現実だと感じられたのです。

エマとのセッションは、始まった時と同様、唐突に終わりを迎えました。私はメキシコの自分の体に戻り、一瞬自分には何の関わりもなく思えたワークショップを続行したのです。

それから数週間かけてゆっくりと私はこの新しい体験を振り返り、コギ族のマモスたちがとても優雅なやり方で教えてくれたことを受け入れていきました。あの奇妙な音は、思考や言語をつかさどるマインド（頭）からではなく、ハートから、しかもハートの中の聖なる空間から発され、夢や感覚・感情などによって方向づけられることを私は教わりました（マインドもハートも同様にイメージを生み出しますが、本当にリアルに感じられるイメージはハートでしか生まれないのです）。

このコミュニケーションの方法は確かにマインドの力をはるかに超えたものでした。「言葉のない言語」を体験してしまった私は、二度と同じ自分には戻れません。私は光栄に感じると同時に、この可能性にとてもわくわくしました。この「言葉のない言語」は、人間どうしだけでなく、すべての生命間のコミュニケーション手段として使えるのです。マモスは私に、この方法で動物たちとコミュニケーションしてごらんなさいと言いました。そうすれば私にもわかるだろう、と。

馬と一体になって

妻のクローデットは広大な牧場に馬を3頭飼っていました。メキシコから帰国した日に私は馬を見ようと、クローデットの手を引いて外に出ました。彼女にもエマの話はしてあったので、二人してどうなるかを見に行くことにしたのです。

私たちが牧場に着くと、馬たちはのんびりとフェンスのそばで、それぞれ30メートルくらいずつ離れて互いに無関心の様子で立っていました。クローデットが餌を用意するあいだ、私はゆっくりと牧草地の真ん中まで歩いていきました。3頭とも、熱く乾いたアリゾナの太陽の下でまどろんでいるようでした。

私は教わった通り、そっと自分のマインドから出てハートの中に入りました。すると私の体から、あの高い音がしたのです。自分でその音を出した感じがしませんでした。その音は自然に鳴り、私の内なる眼にオスの仔馬が映りました。

その瞬間、3頭の馬がいっせいにこちらを向き、私と目が合いました。するとまるで合図を受けたかのように一目散に走り寄ってきたのです。そして代わるがわる顔をこすりつけてきました。たちまち私は馬に囲まれて身動きがとれなくなりました。馬たちはみな、まるでしめし合わせたかのように首を低く垂れ、私にはなすすべもありません。

それから30分くらいの間、私は馬になっていました。私たちは互いに小さな音を出し合い、その合間に静かにいななくのでした。私の内には馬とその群れのビジョンがあふれ出し、エマの時と同じように「性的」に近い感覚が満ちてきました。私は馬と会話できる喜びに圧倒され、これ以上うまく言葉にできないのですが、人生でもっとも祝福されたひとときを過ごしました。

そしてまたもや、それは始まった時と同じようにいきなり終わったのです。しかし私自身はまったく変わってしまい、馬たちもそうでした。それ以降、私と彼らの関係はもはや人間と馬の関係ではなくなり、同じ家族としての関係になりました。なんという素晴らしい贈り物でしょう。そのとき、私のメキシコでの体験はまがいなく本物だったのだと悟りました。そして人生はどんどん素敵になっていったのです。

聖書をご存知の人はバビロンの話を覚えていると思いますが、聖書によるとバビロン以前の世界では、人々はみな一つの言語を話し、その言語を使って動物とも話せたとあります。バビロン崩壊以降、神は人間の言葉をいくつもに分けてしまい、そのために私たちはお互いを理解できず、ばらばらになったのです。

しかし、考古学者たちはこの一つの言語の痕跡を世界のどこにも発見していません。なぜでしょうか。それは、この一つの言語とは書いたり話したりできるものではないからに違いありません。

それはハートの内側からつくり出される音なのです。人類のハートが再び開くまで、私たちはこの言語を取り戻すことはできないでしょうし、人間どうしでも、動物たちとも、どんな生命とも結びつくことはないでしょう。

聖なる空間にほかの人を呼び入れる

クローデットの馬との体験から2週間ほど経って、私はアメリカ東部でまた「アース・スカイ・ワークショップ」を開いていました。コギ族のマモスから学んだことがまだかなり頭を占めている状態でした。運営を手伝ってくれていたファシリテーターが、ハートの聖なる空間に関する私の話を熱心に聞いているうち、やがてもう我慢しきれないという様子で「どうか私にもそれを見せてください」と懇願するのです。

私は最初ためらいました。というのは、私たちはたくさんの感情のゴミを背負い込んでいるため、自分のマインドから抜け出ようとすると、たいていは恐怖による抑制が働くようになっているからです。でも彼女があきらめないので、結局あまり乗り気ではなかったのですが試してみることにしました。

私たちはお互いに向き合ってあぐらをかいて座り、自分の呼吸を観察するという簡単な瞑想を始めました。それは何よりもまず体をリラックスさせるためでした。次にマモスが見せてくれたように、私のスピリットはマインド空間を抜け出てハートに入りました。そのとたん、私の体から不思議な音がして、内側にビジョンが現われました。

私は緑色に濁ったアマゾン川の岸から数メートルのところにいて、左側にはジャングルの巨木が立っていました。その幹からは大きな枝が地面に平行して横に6メートルほど伸びています。私のスピリットは地上から180センチほどの高さにいて、大きなオスのピューマがなにか意を決したように早足で歩くのを見つめていました。ピューマはその大きな枝に飛び乗ったかと思うと、枝の一番先まで行き、そこから地面にパッと降りて川に沿って歩いていきました。

次の瞬間、私はそのファシリテーターと一緒の部屋に戻っていました。私が目を開けると、同時に彼女も目を開けました。私は特に期待もなく、彼女が何を見たのか聞いてみました。すると、なんと彼女は細部に至るまで私とまったく同じ体験をしていたのです。私は驚きました。うまくいったのです。何が起きたのか振り返るいとまもなく、興奮した彼女はどうかもう一度やってみてほしいと懇願します。私はエマが初めてあの音を出してくれたとき、自分がどう感じたかを思い出しました。

そして、私たちは再び目を閉じました。次の瞬間、私の体で音がして、それと同時に私はコロンビアの女性の家の天井で、彼女が寝ているのを上から見下ろしていました。時間は早朝で、日干しレンガ製の古い家でした。

エマのスピリットがコロンビアの女性の肉体からくるりと起き上がり、天井にいる私のところへ昇ってきました。私たちは一つになって壁を抜け、外に出ました。眼下にはジャングルが見え、まわりを山々が囲むなか空高く舞い上がりました。そして私たちはジェット機のように高速で木々の上を飛び、山の上へと昇っていったのです。そびえ立つ山々の斜面に沿うようにして、木の上30メートルほどのところをものすごいスピードで飛び続け、やがて峰を越えて高い山の渓谷に降りていきました。すると丸い草葺き小屋が寄り添うように建っている村がありました。

私たちは一つの小屋に飛んでいって壁を抜け、草のベッドに裸で横たわっているエマの体に出会いました（この山に住むコギその他の部族はみな手編みのハンモックで眠るのが普通ですが、意識のないエマを長い間ハンモックに放っておくのは心配だったのでしょう）。私たちがエマの体に入ると、家族が見守るなかで彼女は目を覚ましました。エマの三人の子供たちが興奮して母の名を呼びながら走ってきて、お帰りと抱きつきました。まだ1歳になったばかりの末っ子は母親の左胸に飛びつき、お乳を飲みはじめました。そばに夫と二人のマモスが立っています。私が彼らを見ると、彼らは私がそこにいるのを知っているかのように会釈しました。そしてここで幕が下りたのです。

私はファシリテーターとともにアメリカ東海岸のセミナールームに戻っていました。私たちはまた同時に目を開きました。私が口を差しはさむいとまもなく、彼女はただ一点を除き、私の体験とそっくり同じ出来事を細部に至るまで完璧に話してくれました。その一点とは、今日でも理由はまだわかりませんが、コロンビアの女性の体からエマが出てきたときに虫の姿をしていたというのです。どういうことでしょう。きっと彼女の価値観に何か関係しているのかもしれません。その一つを除けば、私とまるっきり同じ体験だったのです。

私はとても言葉では表現できないほどの高揚感におそわれました。間違いなくハートに秘密の場所があるということが、はっきりと実証されたのです。この体験には人間のかぎりない可能性が見てとれます。それは人類の歴史を滅亡から救い、真の変化をもたらし得るものです。コギ族のマモスが私に託したのは、人間のこの能力について人々に説き、伝授することでした。なぜでしょうか。世界のバランスを保つ防人(さきもり)であるマモスたちは、私たちがみずからのハートの内に何が存在し誰がいるかを思い出せば、もはや無節操なテクノロジーによって地球を殺すことなどできなくなると信じているからなのです。私も本当にその通りだと思います。

それから2週間というもの、マモスは毎晩、しかも一晩中、私の夢に出てくるようになりました。彼らは私に教え続け、私が知っておくべき彼らの知られざる面についても明かしてくれました。これらの夢から、彼らはこの情報を世界のテクノロジー先進国に広めてほしいと願っていることが明確にひしひしと伝わってきました。

のちになって、私はコギ族の人と個人的に会う機会がありました。その時点では私が教わっていないことはもう何もありませんでしたが、彼らはいくつかのアドバイスをくれました。私はできるだけそれらを活用するようにしていますが、なかにはどうしても使えないアドバイスもあります。たとえばマモスは、生徒たちを9日間にわたり睡眠も食料も絶って完璧な闇の中に立たせておけば、ハートの聖なる空間に入ることができると言いました。たぶんそれは本当でしょうが、この現代社会ではあまりうまくいかないと思います。私は自分の個人的な経験を通じてその代わりになる方法を二つほど見つけました。それについては、この本が終わるまでにお伝えしましょう。

4章 ハートの聖なる空間を体験する

ハートの聖なる空間は心臓の秘密の小部屋とも呼ばれ、「今ここ」であらゆることが可能となる、時間のない意識の次元です。世界中の古い文献や伝承がこのハートに秘められた特別な場所について語っています。本書の冒頭に引用した「チャンドギャ・ウパニシャッド」（ヒンズー教の聖典）の短い詩編はその一例です。そのほかにもユダヤ教の律法書「トーラ」に関連して、文字通り「心臓の秘密の小部屋」という題名の書物があります。

いっぽう、科学もこの領域に慎重に接近しはじめているようです。カリフォルニア州ボルダー・クリークにあるハートマス研究所はスタンフォード大学の関連機関ですが、そこでは非常に興味深い新事実がいくつか発見されています。その情報はハートについて知ろうとしている人々の助けになるかもしれません。すなわち、あえて単純化して言えば、マインド（脳）が協力すると、ハート（心臓）はそれに応えるというのです。

これは昔からあるパラドックスです。胎児を観察すると、脳が形成される以前に心臓が鼓動しはじめるのです。医師たちは、心臓の鼓動をスタートさせ規則正しく鼓動させる知性はどこからくるのか不思議に思っていました。

医学界が驚いたことに、ハートマスの科学者たちは心臓自身が脳を備えていることを発見したのです。脳細胞を持った実際の脳です。それはわずか4万個ほどの極小の脳細胞群でしかありませんが、心臓を機能させるには充分な規模です。これは一大発見です。何世紀も前から語り継がれてきたハート（心臓）の知性について、とうとうそれが真実であったことが証明されたのです。

　ハートマス研究所の科学者たちは心臓に関してさらに驚くべき発見をしました。人間の心臓は、臓器のなかでも最強かつ最大のエネルギー・フィールドを形成していることを突きとめたのです。頭蓋骨に入っている脳よりも大きいというのです。彼らはこの電磁場が直径2メートル半から3メートルほどで、その軸の中心は心臓にあることを発見しました。それは円環体（トーラス）と呼ばれるドーナツ状の形をしています。これは宇宙でもっともユニークかつ根源的な形状だと考えられています。

『フラワー・オブ・ライフ』の2冊の本を読んだ人には、ハートのトロイド型（ドーナツ状）フィールドはもうお馴染みでしょう。メタトロン立方体には5つのプラトン立体（正多面体）が互いに重なり合って含まれていますが、どの立体もその内側に小型の同じ形を持ちます。つまり立方体の中には小さな立方体、正八面体の中には小さな正八面体というぐあいにです。

　ハートの聖なる空間も、トロイド型の電磁場の中にさらに小型のトロイド型の電磁場が存在し、同じ軸を共有しています。メタトロン立方体の中にある5つのプラトン立体と同様です。

　私はこのトロイド型フィールドに二つの重大な要素を見出しました。まず、これを心臓の秘密の小部屋に入る扉として使えるということです。その方法は後の章で説明します。そして二番目の要

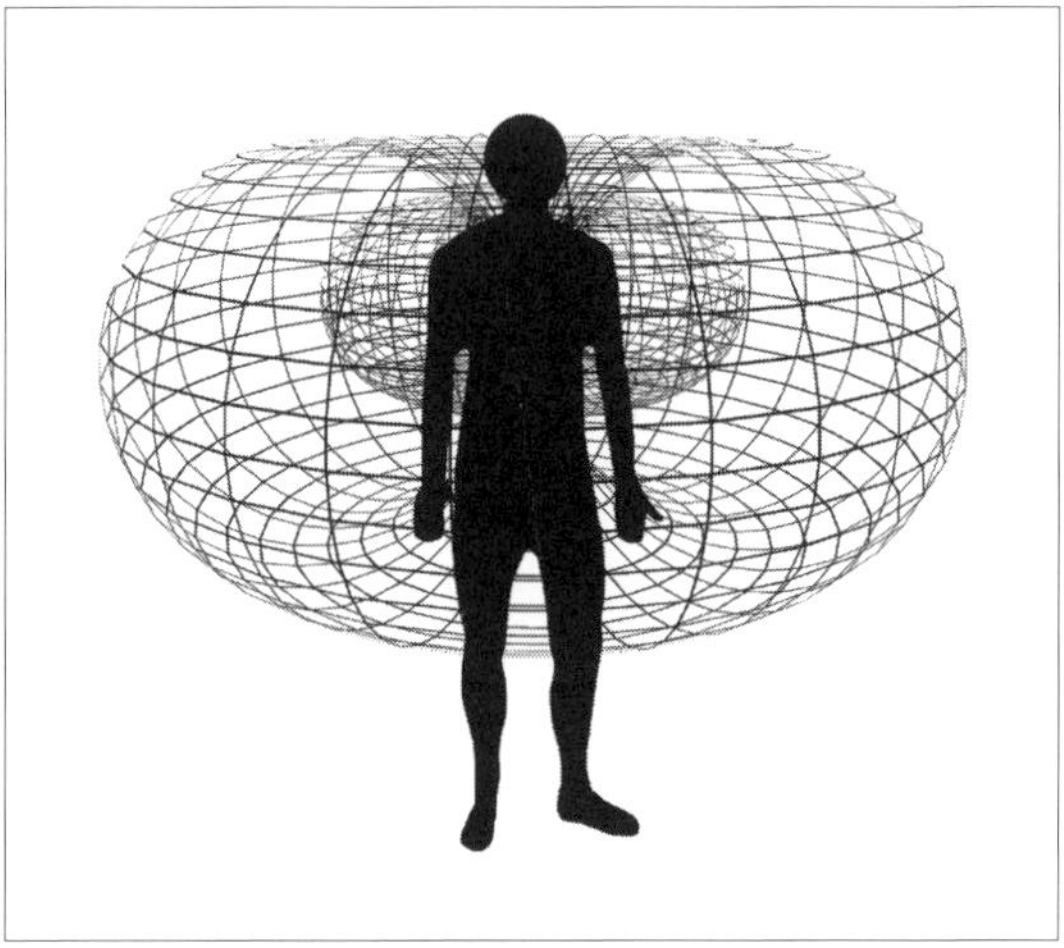

心臓のトロイド型の電磁場（フィールド）

素は、内側にある小型のトロイド型フィールドに関係があります。この内側のフィールドがどれほど重要かは、ハートの創造力について説明してからもう一度戻ってくることにしましょう。

ハートの聖なる空間は、円環体（トーラス）の中にさらにもう一つ小さい円環体（トーラス）が形成される恰好になっています。これから述べるように、まず聖なる空間そのものがあり、この聖なる空間の中には小規模ながらきわめて特殊なもう一つの空間があり、そこに独自の機能が備わっているのです。

それとどう関連するかはわかりませんが、その機能について、心臓外科医たちからこんな研究結果が報告されています。心臓の中にはいかなる理由があっても決して触れてはいけない箇所があり、触れるとその患者は一瞬にして絶命し、どんな処置を施しても蘇生しないというのです。その正体が何であろうと、生死に関わる部位だということは確かです。

私は心臓のトロイド型の電磁場が、正確に聖なる空間を通り、さらに言えば聖なる空間から発生していると確信しています。しかし「心臓の脳」または「触れてはいけない、触れると即死する部位」について、まだはっきりしたことは言えません。もしみなさんのなかで何かその関連性についてご存知の人がいたら、ぜひ知らせてほしいと思います。

ハートとともに生きる

１９９９年の終わり頃から、私はハートとともに生きることを学び、それを伝えるワークショップを開いてきました。この本を書くまでにすでに４０００名くらいの参加者とハートの体験を探究してきました。それを通して私は多くを学ぶことができ、今でも学び続けています。本書は将来的に書き加えられていくテーマを多々含んでいるでしょう。というのも、私たちはハートから生まれる現象についてようやく少し理解しはじめたばかりだからです。

これから私が学んだことを伝えていきますが、その前にあらかじめお話ししておくべきことがあります。私が現時点で知っていることはすべて私自身の体験か、いく人かの教え子たちの体験から学んだことで、それが本当は何だったのかを理解するまでには非常に長い時間がかかるかもしれません。私がここで述べようとしているのは、今この時点で私が真実だと思うことであり、今後この情報が変わっていく可能性もあります。あなたは自分のハートに従い、あなた自身に誠実でなければなりません。本書の中であなたにしっくりこない部分があれば、無視していただいて結構です。みなさん一人ひとり、ハートの聖なる空間を見つけるための自分に合ったやり方があると私は信じています。

「ハートとともに生きるワークショップ」を始めて最初の2年間で、私は参加者の半分しかこれを理解できないことに気づきました。各回のおよそ半分くらいの人は完璧に理解したのですが、あと半分の人々は彼らの頭（いや、ハートでしょうか）を超えてしまったようなのです。そこで毎回ワークショップを開始する前に、参加者の半分はハートの聖なる空間を体験して人生が完全に変わってしまうけれども、あと半分の人々は何も体験できないまま帰ることになるだろうと説明するようにしました。でも、なぜそうなってしまうのでしょうか？　私は問い続けました。

長いあいだ私はこの問題について考えていました。そして聖なる空間を発見できなかった何百もの参加者たちの反応をみると、どうやら主な原因は感情体にあるらしいことがわかってきました。人生のある時点で何らかのトラウマ（心的外傷）を体験した人は、ハートの聖なる空間に入るとその痛みが甦り、即座にそこから出たくなるのです。ですから事前にセラピーを受けて、そうした体験の残滓を取り除いてもらう必要があるかもしれません。どういった形であれ、否定的感情のエネルギーを解放する方法を知っている人はほとんどの場合あまり抵抗なくハートに入れます。いったんハートに入れれば、たとえそれが15分ぐらいでも、最初にハートに入るのを阻んでいたかに見えたものは消えてしまい、あとは何の問題もなくこの聖なる空間に入れるようになります。

もう一つ私がぶつかった問題は、人はみなそれぞれ異なったやり方でものを「見る」ということです。ある人々はビジョンや夢といった形で内的な視覚を通して見ますし、ある人々は音や聴覚を通して内的世界を見ます。香りや味や身体感覚によって見るという人たちもいます。したがって、あらかじめワークショップに何かしらの体験を期待してしまうと、しばしばそのために体験できなくなるのです。簡単な例を挙げてみましょう。

最近のワークショップに参加したある夫婦の話です。妻のほうはハートの聖なる空間に入ることができましたが、夫のほうは何も体験できなかったと感じて帰ってしまいました（この可能性については事前に説明してあったのですが、やはり実際に自分がそうだと落胆するものです）。だめだったと感じた夫は妻に、「瞑想しても何も体験できなくてがっかりしたよ。何も見えなかったし。でも、ドランヴァロが流していたイルカとクジラのCDは最高だったね。体に水を感じるくらい気持ちよかったよ」と話しました。妻はびっくりして、ドランヴァロはCDなんかかけなかったわよと言いました。実際、CDなどいっさい使っていませんでした。彼はワークショップに参加した人たちに片っ端から問い合わせて本当に音楽もイルカやクジラの音もなかったとわかるまで、妻の言うことが信じられませんでした。この男性はミュージシャンで、これが彼の「見る」方法だったのです。彼は視覚的なビジョンが見えることを期待していたのですが、実際はその代わりに耳で見ていたわけです。

何も体験していないと思った人たちも、実はそのほとんどが何かしら体験していたのですが、あまりにも想定外のことだったため、頭からまるごと否定してしまっていたことが最近になってわかってきました。

ハートの波動――ハートに戻るための道しるべ

私がハートの聖なる空間に入って最初に気づいたことは、波動がいたるところからやって来るようだったことでした。その波動は心臓の鼓動とは明らかに異なり、一定の音が持続していました。オームの音のようでもありますが、少し違います。（私はエジプトにある大ピラミッドの「王の間」に入ったことが2回ありますが、いずれもピラミッド全体に響きわたる波動を感じ、その振動たるや石に触れても感じられるほどでした。私はその後、そこで同じ波動を体験した複数の人と話してみて、ハートの波動だったことはほぼ間違いないと確信しています）

あなたがハートの聖なる空間の中に入って音が聞こえてきたら、まずやってみてほしいのは、その内なる音と同じ音をあなたの声で出すことです。完璧でなくていいですから、できるだけ忠実にその音を真似てください。それによってハートの内なる世界が、マインドの外なる世界とつながるのです。

私の妻クローデットは、イスラエルの首都エルサレムのマダム・コレットのもとで古代から伝わるハートの教えを学びましたが、そこではこの音を出すということが非常に重要視されています。大勢の人がこの聖なる空間に入る場面に立ち会ってきた私も同意見です。音を出すことによって、ハートの内的なハミングの音体験がこの物理的外界へとグラウンディングさせてくれるのです。それからもう一つの理由として、その音はハートに戻るための道しるべになるからです。

一度ハートの聖なる空間を体験して、再びそこに戻ろうと思ったら、ただその音をハミングしてハートの波動にチューニングしていけばいいのです。そしてもちろん頭から出て心臓に入るのです。この波動はあなたを直接ハートの聖なる空間へと導き、それは回を重ねるごとに容易になるでしょう。そのうちマインドからハートへの移行は2～3秒でできるようになります。

ハートの聖なる空間での体験

これをお話しする前に理解していただきたいのは、あなたの体験と私の体験はまったく異なるかもしれず、一見なんの共通点もなく思える場合もあるということです。みな相互に関連はあるとしても、一人ひとりは雪の結晶のようにユニークな存在なのです。ですから、これをあなたの期待にはしないでください。子供のように目を開き、感覚を全開にしてハートに入っていけば、より簡単に、よりダイレクトにあなた自身の体験が起こるでしょう。さまざまな体験をここに紹介するのは、あくまで参考にしてもらうためで、これが「法則」のようなものではありません。

　１９８０年代のなかば頃、私が光の体（ライトボディ）、マカバの中で瞑想していると、突然まったく予期しないことが起こりました。私は固い岩をくりぬいた洞窟の中にいたのです。それはまさにリアルな現実でした。

　洞窟は丸くドーム状になっていて、純粋な白いシリコン（珪素）の砂がいっぱいに入った直径１８０センチ、高さ30センチほどの円形の石があるほかには、何もありませんでした。真ん中の空間の左側を見ると、その固い岩壁に20枚の肖像写真が並んではめ込まれていました。写真の人々は私には誰だかわからず、なぜそこに写真があるのかもわかりません。反対側の壁にはぽっかりと大きな穴があいており、幅３・６メートル、高さ5メートルくらいの自然にできたものでした。その穴の向こうは白い光が壁になって視界が遮られています。この光の壁の向こう側は、私自身によって隠されているのだと直感しました。この光の壁を創造したのが自分だということはわかりましたが、その理由についてはわかりませんでした。

瞑想で訪れた内なる洞窟のイメージ

この洞窟の中を「歩きまわって」いると、すべてが懐かしく感じられる一方で、はじめてここに来たような気もしました。洞窟の突き当たりには固い石を削った階段が下の階へ回り込むように降りていました。下の階には影のない緑色の光があり、その光は空気そのものから放たれているようでした。私は封印されたたくさんの部屋を見ました。何百もの部屋があったと思います。ここは私の未来の人生に属するところだと内なるガイドが教えてくれたので、真ん中の部屋に戻りました。

私は瞑想によって何度もこの洞窟を訪れましたが、自分でそうしようと思ったわけではありません。2週間おきぐらいの頻度で、ふと気がつくとまたこの空間に舞い戻っているのです。この洞窟を見出して1年ほどの間、ここは何も変わらず、新しい発見もありませんでした。

岩の壁に向かい、円形の石の中に敷かれたシリコン砂の上にあぐらをかいて座っていると、そこに何か強い波動があることに気づきました（私はいったんこの空間に入ると、瞑想が自然に終わるまでは出てこられないことがわかったので、居心地よいその円形の石に入った砂の上に座るようになったのです）。一度感じると、その波動はあらゆる場所で感じられるようになりました。ただし円から一歩出ると、とたんに波動が低くなるのです。次第に、砂の入った円以外の場所はどこも同じ波動なのだとわかってきました。波動の変化は、私の瞑想の中でこの砂の円が独特な場所であるという最初のしるしとなりました。私はいつもこの円に惹かれて、そこで何時間も瞑想していました。しかし実のところ、これが一体何を意味しているのか、その時の私にはまるでわからなかったのです。

ある日のこと、いつものように壁に向かって円形の石の中で瞑想していると、その岩の壁がだんだん透明になっていくことに気づきました。壁の透き通ったところに触れようとしたら、なんと手が岩をすり抜けてしまいます。びっくりした私は砂の円から身を乗り出し、手を岩壁の思いきり奥まで入れてみました。すると体ごと壁の向こうへ抜けてしまい、気がついたら私は洞窟の外にいたのです。そこはある惑星の地表で、非常に高い山の斜面にぱっくり口を開けた、深いクレバスの中でした。

私は見晴らしのいいところを求め、クレバスの外まで登りました。もう夜になっていて、空には見慣れた星ぼしがいっぱいに光っていました。でも生命あるものは何一つ見当たらず、あるのは岩だけです。土さえないのです。数分後、私はクレバスに戻って洞窟の中に入ろうとしましたが、固い岩壁に阻まれて入れません。どうすればいいのか、すっかり途方に暮れてしまいました。一瞬、恐怖がよぎったのも確かです。

私はとても通り抜けられそうにない岩壁を見つめてしばらくたたずんでいましたが、急に砂の入った円形の石で感じた波動のことを思い出し、その音を出してみました。音が私の体に流れはじめるやいなや岩壁は透明になっていきました。そうして私は壁を通り抜け、洞窟の中にある円形の石に戻ることができたのです。こうしたすべての出来事があまりにもリアルで、いつも私は現実と見分けがつきませんでした。

この裏ワザを発見して1年ばかり、私は岩壁を抜けては外に出かけ、長い探検の散策をするようになりました。そこでの現実は、私の地球での日常世界と同じようにリアルでした。少なくとも私にはその違いは挙げられません。自分が呼吸しているのも感じました。岩に触れれば、この世界で触っているのと同じ感覚でした。やむことのない波動と影のない光を除いて、すべてが現実世界そのものだったのです。

この頃の私はニューメキシコ州タオス郊外の砂漠高原地帯で、あるアメリカ先住民族の一家とともに暮らしていました。１９５７年製のシボレーの古いスクールバスと、その隣に建つネイティブ・アメリカンの伝統的な白いティピを住処(すみか)とし、この質素なすまいを拠点に2年半過ごしたのです。

そんなある冬の冷たい吹雪の晩、バスの扉をノックする音が聞こえました。外は吹きすさぶ嵐で、しかもここは一番近い鋪装道路からでも１・６キロほど離れていたので、私はびっくりしました。扉を開けると、猛吹雪のなかに20歳くらいの若い女性が立っていて軒を借りたいと言うので、もちろん中に入れてあげました。

彼女がフードをはずして顔を見せると、私は身震いするような強いデジャヴにおそわれました。この人をどこかで見たことがあるのですが、思い出せません。会ったことがあるかもしれない場所をいろいろ聞いてみました。そのとき、閃いたのです。彼女は例の洞窟の壁に並んでいた写真の最初の人物です。私は次に瞑想でこの洞窟に行ったとき、彼女の写真がその壁にはめ込まれているのを確認しました。彼女は私のもとに1年くらいとどまり、さまざまスピリチュアルな知識を示すことで私の人生に並々ならぬ影響を与えてくれたのでした。

年月の流れとともに、私の人生には壁の写真の人物が一人ずつ登場してきては、その時だけでなく今に至るまで貴重な情報と体験をもたらしてくれます。しかしこの若い女性に会った頃、この洞窟が何を意味するのか、瞑想するとなぜそこに行ってしまうのか、私にはまったく知るよしもありませんでした。わかっていたのはただ、この洞窟は私が地球に存在する理由のきわめて重要な部分を占めているということだけでした。

帰郷

洞窟の高さ5メートルもある穴をふさぐ光の壁は、何年間もそこに立ちはだかったままでした。２００２年１月、ドイツで「ハートとともに生きるワークショップ」を開き、参加者たちがはじめてハートの聖なる空間に入った時のことです。私もハートの聖なる空間に入っていくと、いつものように洞窟の中にいました。この頃にはそれが自分のハートの空間の中だということは理解していました。私が光の壁に向かって歩いていくと、穴の外を見えなくしていた不透明な光がなぜかこのとき、はじめて少し透き通ってきたのです。それまでこんなことは一度もなかったので、次にはどうなるんだろうと胸が高鳴りました。

私はそこでみんなに自分の聖なる空間から出て、30分ほど休憩するように指示しました。私が控え室に戻ろうとすると、一人の女性が近づいてきて私に贈り物があると言います。その話はこうでした。彼女がギリシャの海岸で、なんと美しいところだろうと感激しながら散歩していたとき、ふと足元の砂を見ると、そこに非常に変わった石がありました。彼女がそれを拾った瞬間、その石が「私をドランヴァロに渡して」と言ったそうなのです。それは布にくるんで手渡されたので、私は中を見ないまま彼女にお礼を言い、控え室に戻りました。そして布を開けてみて跳び上がりました。こんな石は一度たりとも見たことがありません。似たような石さえ知りません。これは地球外のものだと感じました。

不思議議な石

私はまずそこに座り、その石を自分の第三の眼に当てて瞑想しました。すると何一つ考える暇もなく自分の内なる洞窟にいて、穴をふさぐ不透明な光の壁を前にたたずんでいました。みるみるうちに光の壁は消えていき、何年もずっと謎に思って見つめていた穴の外を、ついに私は見晴らすことができたのです。

そこには美しい満天の星空が広がっていました。穴の正面にオリオン座が見え、三つ星がひときわ強い輝きを放ちました。すると突然その三つ星の真ん中の星あたりから黄金色に輝く螺旋状の光線が降りてきて、私の体を包み込んだのです。

その瞬間、私はすべてを思い出しました。私が13次元を出たとき、父なる存在は、私のスピリットが地球へ至る道を発見するにはどう動くべきかを教えてくれたのでした。つまり、いまや再び故郷に帰るための行き方も思い出したのです。目的があって忘れていたたくさんのことを一度に思い出して私はとても幸せでしたが、同時に不安も感じました。この地球を去って故郷に帰る時がきたのでしょうか。天使たちの一人がすぐに現われ、まだ去る時ではないと請け合ってくれました。そして、「螺旋状の黄金光線」の光の渦はコミュニケーションの新しい形として将来利用され得ること、それは私にとってきわめて重要な意味を持つだろうことを伝えてくれました。スピリットの動きを思い出すことは、私にはすぐわかるもう一つの理由でも重要な意味がありました。

瞑想から出てくると、この不思議な石を額に当てたまま涙があふれました。私の父なる存在とこうしてまた再びつながることができたのです。その時のさまざまな感情は私を大きく解き放ってくれました。

休憩を終えてワークショップに戻ろうとすると、さっきの若い女性が走り寄ってきました。「すみません、さっき言い忘れたことがあります。石はこう言っていました。『私をドランヴァロに渡して。彼が故郷に帰る方法を思い出すために私は存在するから』って」――私は返す言葉もなく、心からの感謝で彼女を抱きしめました。人生とは実に驚異です！

今こうして振り返ると、コロンビアのコギ族の人々に出会うまで、マカバ瞑想で入った洞窟が私のハートの聖なる空間に関係していたとは私自身もよくわかっていませんでした。この関係に光をあててくれたのはまさに彼らですから、私は永遠に感謝しています。

時間とは何か

こうして真の魔法が始まったのです。２００２年に開いた、別の「ハートとともに生きるワークショップ」の時のことでした。私は瞑想から聖なる空間に入り、いつものように特別な瞑想の場である砂の上に座ろうと歩いていきました。すると円形の石の中には水があふれ、まるで浴槽のようです。こぼれ出した水は洞窟の床をつたい、反対側の壁まで流れて床と壁の隙間に消えていました。

これを見た私は妙な気分でした。想像もしなかった光景に面食らい、ただ水を眺めて呆然としていました。どうすればいいのか、なぜこんなことになってしまったのか、何もわかりません。するといきなり円の中の水面が波のように30～60センチも盛り上がり、へりから水がどっとこぼれ落ちて床をざあざあ流れはじめたのです。川のような水を受け入れるために床の穴が大きくなっていき

円形の石に水があふれ、床に流れ出していた

ました。水かさがどんどん増し、本当に心配になるくらいです。私はずいぶん長いこと、泉のように水が湧き出ては滝のように流れ落ちていくのを見つめながら「一体どうなってしまったのだろう」と考えていました。瞑想の中で何もできず、ただ立ちつくすばかりです。とうとう私は瞑想から出ましたが、まだ少しばかり混乱していました。

　さて次の日、ワークショップで私は再度ハートの空間に入りましたが、そこで私の瞑想人生を永久に変えてしまうような体験があったのです。洞窟では相変わらず水があふれ続けていたものの、流れは少し落ち着いたかに見えました。石の円はふちが広がり、高さも90センチほどになって、温泉のお風呂くらい大きくなっていたのです。

　私は自分のいつもの聖所に座りたかったのですが、はたしてそうしていいものかどうか、じっと考えました。そして結局いつもと同じようにすべきだと感じて、水が渦巻いている石の浴槽の中に腰を下ろしました。水は心地よい冷たさで、びっくりするほどきれいに澄んでいました。あふれる水の中につかり、私は目を開けたまま瞑想しはじめ、岩壁を見つめました。これまで何度も見たように壁はゆっくりと透明になっていきます。私は向こう側に行きたいという衝動に身を委ねるようにして、するりと壁を抜けました。

そしておなじみの岩のクレバスを出て、この不毛な惑星を眺望できるところまで登りました。そこに広がる光景を見た瞬間、私は息をのみ、足をとめました。この「想像上」の惑星はもはや不毛の土地ではありませんでした。どこもかしこも見渡すかぎり緑豊かに植物が生い茂っていたのです。どちらを向いてもはるか地平線の彼方までリアルなジャングルが続いています。どうしてこんなことになったのでしょう?

そう思った瞬間、私の内側の聖なる空間を流れていた水のイメージが浮かび、あの水が惑星に生命を与えたのだと気づきました。でも、植物はもうずいぶん生長していました。この世界の時間の流れは私が考えていたようなものではなかったのでしょうか。次から次へと疑問がわいてきます。

長いあいだ黙想し、畏敬の念に打たれた私は、再び聖なる空間の中に戻り、そこから自分の肉体に帰りました。そしてこの日常世界に戻ってからも何日もこの体験の意味を考え続けたのでした。本当にこれは何を表わしているのでしょう? 内なるガイド、天使たちはただ静かにそばにいて、私が結論を見つけ出すのをじっと見守ってくれました。

聖なる空間における人々の体験

私は1000人以上もの人たちから聖なる空間の体験談を聞いてきました。そこにはいくつか共通する部分もありますが、ハートの空間について明らかなのは、私たちがふだん生きているような不動の構築された現実世界よりも、むしろ夢の世界に近いということです。

人々の体験の性質は実に幅広く多様です。ですから、どんな先入観や期待もあらかじめ抱かないように気をつけてください。子供のようにハートを開いて、あなたの内なる空間に入ってください。あなたの体験はまず確実にあなただけのユニークなものです。ハートの聖なる空間がどれほど人によって異なるものか、理解の一助にしていただくため、何人かの体験談を挙げてみましょう。

♥　♥

「私の聖なる空間が光に満ちあふれますように」と頼んだら、瞬時にパッとその通りになりました。私はすごく幸せな気分になりました。ふだん私が何を頼んでも、そうはならなかったからです。それはやさしく光る輝きで、家の電灯のような強い光ではありませんでした。あたりを見回すと、そこは大きくて立派なエジプト風の神殿でした。いくつもの石が電気のように光を放っていました。壁にはヒエログリフ（象形文字）が刻まれていて、私がもっとよく見ようと近づくと、まるで生きているかのように文字が踊りはじめるのです。どういうわけか、20くらいの絵文字の一列が完全に理解できました。その内容はお話しできませんが、私はハートの内側で意味がわかり、泣き出してしまいました。

振り向くと非常に高い戸口がありました。扉を通って次の部屋に行くと、そこに威厳のある美しい女の人がいました。黒い髪に黒い瞳をした女性で、長い金色のローブをまとい、エジプト人のようでした。何も言わずに彼女は私の手をとり、小さい簡素な部屋に連れて行きました。そこに着いたとたん彼女は消えてしまいました。その瞬間、私は自分の内側の聖なる空間に入ったのだとわかりました。それは確かな感覚でした。

急にその部屋は形が変わりはじめたかと思うと、みるみる大きくなっていき、1・5キロ以上にも遠くまで広がり続けて、ついには壁も消えてしまったのです。そして私は自分が深い宇宙の中にいることに気づきました。そのとき、あなた（ドランヴァロ）が戻ってくるように指示したのです。

♥ ♥

これまで「一度も何も起きたためしがない」ので今回もどうせだめだろうと思っていた、という青年がこんな体験を語ってくれました。

光がそこに現われるように願ったとき、私には何も見えませんでした。そこでドランヴァロが言っていたように、自分の感覚を使ってまわりを探ってみました。なぜか私は自分がどこにいるのかわかりました。すべてが懐かしく感じられたのです。私が左を向くと、そこにまるで印象派の絵のような、何かぼんやりとした輪郭が見えました。

それは次第に姿形をとりはじめ、どんどん明るさを増していって、やがて私のいる世界はもう光だけになりました。つまりそれは固体でなく、ホログラムのようなものだったのです。すると光が動き出し、幾何学模様を形作っていきました。私自身も動きはじめるのを感じました。私は根源に向かう、ある一つの光の流れを追っていったのです。強烈な美しさとものすごいスピード感に目もくらむようでした。何かはわかりませんが、どんどん引っ張られていきました。私には見えました。自分がものすごい勢いで引き付けられていくその一点に向けて、宇宙中あらゆるところから光線が戻ってくるのです。いまや銀河レベルの壮大な現象の渦中にあり、自分が宇宙の小さな塵になったみたいでした。

私は水銀のようになってこの光のフィールドの中心に流れ込んでいき、「故郷」に帰ったのです！　かつて私はここにいたのでした。この途方もないものの中心は、生きた水の、まるい球でした。ちょうど光あふれる水の球のまん中に入ったとき、ドランヴァロの戻ってくるようにという声が聞こえたのです。私はいずれまたあそこに帰るのがわかります。抜け出したくありませんでした。こちらに戻ってきたくなかったのです。私は本当に生きていました。

……話はどんどん続きます。いつでもみな異なり、いつでもハートの瞑想者にとってきわめて個人的な内容です。何百ものこうした話を聞くと、ハートにはもう一つ別の現実――つまりマインドで構築された、私たち全員がそこで生きているかに見える現実と同じくらい重要で、しかもたぶんもっと根源的な現実――が存在することが明らかになってきます。

ハートの体験を妨げるもの

ハートの中に入れなかったり、入ってもそこにいられなかったりするのには理由があります。なぜそうなのか、この2年ほど教えながら人々の話を聞き、探究するうちに、私にもようやくわかってきました。

前のほうでも触れましたが、人生においてトラウマを経験した人々、なかでも特に人間関係や愛情に関して否定的な経験があると、ハートの聖なる空間に入るときに再びその痛みを味わうようです。するとその痛みがつらすぎて、そこにいることに耐えられないのです。これが一番よくある問題です。

それから恐怖心の問題もあります。未知なるものへの恐怖です。ある人々はハートに入る体験をしたとたん、そのイメージがあまりにもリアルすぎて恐怖を覚え、その世界を追い払ってしまうのです。こうしたケースでは、そこに少しでも長くとどまってもらうようにすると、しばしば恐怖が消え去り、うまくいくことが多いのもわかってきました。ポイントはその恐怖が消えるまで、どうしたらハートにとどまっていられるかです。

三番目の問題もすでに触れましたが、人によってはあらかじめ、ある一定の「見え方」を期待してしまい、それ以外の、たとえば聞こえる、触れる、匂う、味などといった「見え方」に気づけないということです。

先ほどお話ししたように、最初は半分くらいの参加者しかハートの体験ができませんでした。けれども２００２年の１月には、ハートの聖なる空間の体験を妨げる問題が明らかとなり、そのあとドイツで行ったワークショップでは１８０人中、１７４人までが自分のハートの聖なる空間を体験できたのです。私たちはまだまだ学び、思い出す途上にあります。

5章 天地融合

世界中の先住民族の人々が教えてくれたことが一つあります。重要な儀式の前にはいつでも、まず母なる地球と、その次に父なる天と愛でつながる必要があり、それを通して最終的に大いなるスピリットすなわち神とつながるのだということです。私たちがハートの聖なる空間に入るときも同じなのです。そうしないとこの空間は、とらえどころのないものになってしまうでしょう。

これからみなさんにお伝えすることは、最初1981年に私が恩師の一人であるタオス・プエブロ族のジミー・レイナから学んだもので、そのときにごく大まかな概略を知りました。するとその後、これをきわめて洗練された言葉で語ってくれるクリヤ・ヨガの偉大な霊的教師に出会ったのです。

私は1994年、ジョージア州ジェキル島で行われた「太陽のハート」というイベントに呼ばれ、話をすることになっていました。そこでは何人ものスピリチュアルな指導者たちが入れ替わり立ち替わり壇上に立ち、聴衆がスピリットとの融合を高めるよう導いていきました。いよいよ次が私の番となり、舞台裏の狭い楽屋にしつらえた瞑想用の祭壇の前に腰を下ろして出番を待っていた時のことです。祭壇にはローソクがともり、SRF*の人たちによって準備された写真セットが飾ってありました。クリシュナ、キリスト、ババジ、ラヒリ・マハルシ、シュリ・ユクテスワ、ヨガナンダ

＊SRF：セルフ・リアライゼーション・フェローシップ（自己実現同志の会）。20世紀にヨガナンダが組織化したクリヤ・ヨガを中心とする霊的教派。数千年をへて今も生命を保っているというババジを始祖とする。

の肖像でした。舞台で話す内容はすでに用意してあったので、あとは誰かが呼びにくるまで中心を保って待つのみです。それには瞑想が一番でした。

私はそこに並ぶ教師たちの偉大さに敬意を表し、目を閉じて瞑想に入りました。するとまわりの世界がゆっくりと彼方へ消え去り、エネルギーが増していくと同時に一つのビジョンが現われました。この瞬間、その日のイベントの流れが変わり、そして私のスピリチュアルな人生のほとんどが変わってしまったのです。

目の前に現われたのは、とても気品のある表情をたたえたシュリ・ユクテスワ師*でした。私は彼の弟子のヨガナンダとは親交がありましたが、師その人についてはほとんど知りませんでした。にもかかわらず、そこに来てくれたのです。

シュリ・ユクテスワ師

シュリ・ユクテスワ師と融合呼吸(ユニティ・ブレス)の瞑想

シュリ・ユクテスワ師は私を直接核心へと導いてくれたので、私もみなさんにそうすることにしましょう。師は、マインドとハートをある特殊な状態にしないで神に触れようとするのは、インドではとても考えられないと言うのでした。そしてどうすれば意識

＊シュリ・ユクテスワ (1855-1936)：ババジの弟子の一人で、パラマハンサ・ヨガナンダの師。

的に聖なるものとつながり、最終的に神とつながることができるのか、きわめて明瞭な指示を与えてくれたのです。以下はそのときに教わった内容です（具体的な瞑想法は7章にまとめてあります）。

聖なる母との融合

あなたが世界中でもっとも美しいと感じるところを思い浮かべてください。どこでもかまいません。木や湖や川などがある山の景色でもいいですし、ほとんど生き物のいない乾いた砂漠でも結構です。あなたが美しいと思うところならどこでもいいでしょう。できるだけ細部まで詳しくイメージします。

山の景色なら、山に白い雲がたなびいているのを見てください。森なら、風にそよぐ木立を見て、感じてみましょう。シカ、ウサギ、リスなどの小動物が見えるでしょうか。足元を流れる川の水は澄んでいるでしょうか。この場所に、そして自然のすべてに、愛が感じられてきます。大自然への愛の空間があなたの内側で広がり続け、やがてあなたのハートは愛のあたたかさに脈打ちはじめます。

あなたが感じた瞬間、その愛を地球の中心に送ってください。母なる地球があなたの愛を直接感じられるよう、意図して送ります。もしそうしたければ、あなたの愛を小さな球にこめて母なる地球に送ってください。いずれにしても一番大切なのはあなたの意図です。そして、そのまま子供のように待ちましょう。母なる地球があなたに愛を送り返してくれるのを感じるまで待ってください。あなたは母なる地球の子供です。聖なる母があなたを愛していることを私は知っています。

聖なる母の愛があなたの体に入ってきたら、すべてを開け放って、愛が全身くまなく流れるのを受け入れてください。一つひとつの細胞のすみずみまで愛がゆきわたります。その愛はあなたの光の体（ライトボディ）をも満たしていきます。愛が体中を駆けめぐるにまかせましょう。あなたは母なる地球の美しい愛にすっぽりと包み込まれています。母なる地球と完全に一体化し、充分だと思えるまでその愛を感じ続けてください。

聖なる父との融合

あなただけにわかるその瞬間、母なる地球と一体化した愛を保ち続けたまま、今度は父なる天を見上げてください。地球を超え、宇宙のあらゆる被造物が見えます。空には大きく天の川が横たわっています。あなたと地球のまわりを、惑星と月がゆっくりとめぐっていきます。太陽は今、地球の裏側に隠れているのが見えます。途方もない宇宙の深さが感じられてきます。

聖なる父へのあなたの愛を感じてみましょう。聖なる父は、母なる地球以外の被造物すべてのスピリットなのです。その愛があなたの内で押さえきれなくなるほど大きく膨らんできたら、あなたの意図によってそれを天に送りましょう。もしそうしたければ、あなたの愛を小さな球にこめて父なる天に送ってください。

天の聖なる父に愛を送ったら、再び待ちましょう。天なる父があなたに愛を送り返してくれるのを待ちます。もちろん、父は必ず愛を返してくれます。あなたは永久（とわ）に聖なる父の子供であり、聖なる父はいつも変わらずあなたを愛しているのです。そして聖なる母の愛と同じように、聖なる父の愛があなたの存在に入ってくるのを感じたら、その愛がどこへでも流れ込むにまかせましょう。これがあなたの天なる父の愛であり、純粋な愛です。

シュリ・ユクテスワ師は、あなたの愛を小さな球にこめて意図によって天に送るとき、地球を取り巻く融合意識グリッドに向けて送るように言っています。グリッドがどんなものかわからなくても心配ご無用です。世界中の多くの先住民族の人々と同じようにすればいいのです。つまり、あなたの愛を太陽に送るのです。グリッドと同様に、太陽はすべての星々とつながり、全宇宙すべての生命とつながっています。アメリカ南西部に住むホピ族は、大いなる中心太陽（グレート・セントラル・サン）へと愛を送ります。これは一部の人々に共有されている一つの概念ですが、等しく有効です。どんなものでもいいですから一つを選んでください。そして、あなたの愛がすべての生命に届くことを意図してください。

聖なる三位一体の具現化

その瞬間、まれなる出来事が起こります。この地上に「聖なる三位一体」が具現化しました。聖なる母と聖なる父が純粋な愛の中であなたと一つになり、聖なる子供であるあなたがこの三角形を完成させたのです。

シュリ・ユクテスワ師によれば、この特別の意識状態にある時だけ、神を直接知ることができるのです。つまり、あなたの外にも内にもある神の存在に、この瞑想の最終段階で気づくことになります。

この瞑想の最後の部分に関して、師は実際には神の存在に気づくための非常に複雑なやり方を教えてくれたのですが、その後、世界のたくさんの民族の長老たちと話してみて、私はこの最終的な意識状態に達する部分は簡略化できると思いました。これは実にシンプルなのです。いったんこの聖なる三位一体の状態に入りさえすれば、あとは神の存在に対してあなたのハートを開くだけで、その体験に到達することができます。神のみぞ知る何らかの理由により、私たちが聖なる三位一体の状態に入ると、神のほうでは容易に認識できるのです。

シュリ・ユクテスワ師はこの瞑想を「融合呼吸（ユニティ・ブレス）」と名付けました。神はいつでもどこでも存在していますが、人はたえず神を認識できているわけではありません。この融合呼吸（ユニティ・ブレス）の瞑想法は、私たちを直接しかも意識的に神の存在に出会わせてくれるのです。

ある人々にとって、この意識状態は人生に生じるさまざまなサイクルを完了させるためになくてはならないものです。別の言い方をすれば、それはこの世への誕生、聖なる結婚、死など、人生におけるすべての聖なる儀式に近づくための扉なのです。アメリカ先住民族の人たちは、種蒔きや収穫の祭礼においても、穀物がよく育ち実るために大いなるスピリットとの特別なつながりが不可欠だと言います。

一番自然な道は、神すなわち大いなるスピリットとの共同創造によって、生命にバランスをもたらすよう自然のサイクルを助けることです。聖書にあるアダムとイヴの物語は、私たち人間がエデンの園（自然）の守り人であることを示しています。現代でも実はその通りなのですが、私たちはその役目をすっかり忘れてしまいました。神との内なる絆を失って私たちはばらばらになり、さまよっているのです。ゆえにシュリ・ユクテスワの瞑想は神を思い出す入口となり、ハートの聖なる空間を思い出す扉となるのです。

壇上に立って

ここまで話し終えると、シュリ・ユクテスワ師は急に厳しい顔つきになりました。私の目をまっすぐに見据え、「ドランヴァロ、今日これからあなたは舞台に上がり、私が今しがた教えたばかりの瞑想を人々に教えなさい」と言うのです。その真剣な気迫には抗えないものがありました。そして師は一礼すると、消えてしまいました。

私の出番を知らせるノックの音が聞こえて、混乱したまま立ち上がったのを覚えています。どうすべきか迷いました。スピーチの内容はあらかじめ用意してありましたが、これは何よりも優先するように思えます。私はスタッフにあと1分で行くことを告げ、ドアを閉めると大急ぎで天使たちを呼び出しました。天使たちはシュリ・ユクテスワの言った通りにするようにと助言し、やがて私にもわかるだろうと言ってくれました。そして私はその言葉に従い、結局そうなったのです。

私は聴衆の前に立つと、今しがたの出来事を話し、師が私たち全員に強く勧めてくれた瞑想に入ることを告げました。そして私自身も一つずつ自分の言葉についていきながら人々を誘導していったのです。会場は水を打ったように静かになり、至福が訪れました。

ずいぶん長い時間が経過し、私は若い青年に袖を引っ張られて瞑想から戻りました。お昼まであと10分だというのです。会場スタッフを除いて、そこにいたすべての人が深い瞑想に入っていました。私はみんなをゆっくり目覚めるように導いていきましたが、これほど多くの人が深く瞑想に入りすぎて出てこられなかったり、出たがらないという事態は初めてでした。

私は一人残らずこの世界に連れ戻そうと何度も試みたのですが、それでもまだ30人ほどが戻ってきません。とうとう最後には一人ずつ介護者をつけて瞑想から呼び戻し、やっとみんな目を覚ましたのです——ただし一人を除いて。その若い男性だけはどうにも目覚めてくれず、病院に連れて行くことまで考えました。ようやく彼が目を覚ましたのはそれから20分くらい後、みんながお昼ごはんを食べている時でした。

私には「いったい何が起きたのだろう」ということしか考えられませんでした。瞑想のあとまで長く忘れ得ぬ体験をしたのです。今でも母の愛、父の愛を感じ、いたるところ、あらゆるもののなかに神の存在を感じることができます。それはかぐわしく美しい体験でした。

あれから何年もたちますが、私は融合呼吸（ユニティ・ブレス）の瞑想法を行う時には気をつけるようにしています。いったんこの状態に入ると、時がくるまでそこから出たくなくなります。あまりにも快いのです。ですから、この瞑想には充分な時間をみる必要があります。電話などは電源を切り、時間のゆるすかぎり邪魔されない環境を確保してください。夏の花のように、この体験を開花させましょう。

とてもシンプルなこと

融合呼吸（ユニティ・ブレス）の瞑想がどんなものかおわかりいただけたと思いますが、これからあなたがハートの聖なる空間に入る時には必ずこの意識状態から入るようにしてください。そうしないといくら聖なる空間を探し求めても、それはあなたから逃れ、隠れ、手がかりさえ見つけられないでしょう。

融合呼吸（ユニティ・ブレス）によってある意識状態に達すると、徐々にハートの聖なる空間に入りやすくなっていき、ついには常にそこにいられるようになります。この瞑想法を知る私の師はみな、それが理想の状態だと言います。

この融合呼吸（ユニティ・ブレス）によってあなたの中に波動が生まれ、その波動があなたを聖杯――すなわちハートの聖なる空間であり、神がすべてを創造したところ――の発見へと導いてくれると私は確信しています。これはとてもシンプルなことです。あなたがずっと探し続けてきたものは、まさにあなた自身のハートの内にあるのです。

6章 マインドからハートへ

ハートの聖なる空間に入るために融合呼吸（ユニティ・ブレス）は不可欠です。しかし実際にこの聖なる空間に入っていくためには、さらにもうあと二つの障害物をクリアする必要があります。

まず第一に、西洋的現代人の意識がハートの聖なる空間を見つけ出すには融合呼吸（ユニティ・ブレス）の瞑想法だけでは不充分です。なぜなら、常にマインドが真理とかけ離れた幻影をつくり出すからです。マインドはたえずこう語りかけてきます。「ハートの言うことなど聞いてはいけない。私だけが情報源を知っている。理性に従えばすべてがうまくいくのだ。科学こそ真理を知る唯一の道である」と。そして思考のプロセスと理論を駆使して、いつもあなたを頭の中に閉じ込めておこうとします。けれどもあなたがマインドの中、頭蓋骨の中にいるかぎり、決してハートの聖なる空間に出会うことはできません。マインドは何千年もの長きにわたってハートのパワーをずっと隠し通してきたのです。

その次に、人間の肉体におけるスピリットの動きを知らなくてはなりません。この知識なしに、いかなるハートの聖なる空間を見つける努力も実を結ぶことはないでしょう。スピリットは体内を移動するのです。文字通り、スピリットは脳つまり思考の場から出て、目覚めた意識と知性の場である心臓に入らなくてはいけません。

ハートに入るための三つのエクササイズ

私は自分をはじめ何千人もの体験を通じて、一度やり方さえわかってしまえば、人間の思考プロセスを乗り越えるのは実に簡単だということを発見しました。もしあなたがそこに座って自分の考えることに耳を傾けたり反応していれば、すっかり自分の脳の虜（とりこ）になって絶え間なく考え続け、がんじがらめになってしまうでしょう。

ヴァパサナ瞑想のように、マインドを超越したり空にしたりすることを目的にした瞑想法はいくつもあります。ヴァパサナ瞑想では思考が静止するまで何時間も座って瞑想を続けます。しかし、もっと簡単なのはスピリットがマインドからも頭からも抜け出ることです。私の知るかぎり、これがハートの聖なる空間に入る唯一の道です。

人間のスピリットが体内を動きまわれると知っている人にはなかなかお目にかかれません。この話をすると、たいていの人はへんな目で見ます。ところが先住民族の人たちはほとんどみな完璧にわかってくれます。彼らはスピリチュアルな学びにおいて実際にそれを体験しているからです。

人間のスピリットは肉体とは別な存在です。私たちが死ぬと、私たちのスピリットは肉体を離れ、ここことは別のように見える世界へ戻っていきます。人間の肉体は衣のようなものです。人間になるためにそれを着て、また違うものになるために脱ぐのです。私の研究によると、歴史上の今この時期、人間のスピリットは脳の中心にある松果体に焦点を合わせていることがわかりました。松果体にスピリットが位置するということは、目を通して見える視覚と、外界との分離感覚とを通して人間の体を経験していることを意味します。

私たちは肉体の他の部分にいることもできるのですが、自分が目のすぐ後ろにいるような感覚を持っています。たいていの人は自分の体のどこかの部位、たとえば手とか足などに意識を集中したことはあるでしょう。その場合でもほとんどスピリットは松果体に置いたままなのです。

人間の体を経験するにはいくつかのやり方がありますが、ここでその一つをお伝えしましょう。ハートの聖なる空間を見つけるためにはこれを理解し、体験する必要があります。

エクササイズ1・スピリットの体内移動

この最初のエクササイズはゲーム感覚で遊んでみると一番やりやすいでしょう。子供に戻ったような気持ちでやると、もっと簡単です。あまり深刻にならないことです。頭で考える深刻さはこのエクササイズの効果をそぐだけです。ただ楽しんでください。あなたをハートに入らせてくれるものは子供の無邪気さであって、大人の頭で計算された考えではありません。

あなたの意識を右手に集中してください。右手の中に入り、その内側の感覚を感じながら、できるだけそこに「いる」ようにしてください。さて、あなたのスピリットはまだ頭の中にいて、手の感覚を感じ取ろうとしているような気がしませんか？　たぶんそれが普通でしょう。（これは、今からやろうとしていることとの違いを感じるためにやってもらったものです。手に意識を集中するとき、あなたはまだ頭の中にいるのです）

あなたのスピリットは、あなたの肉体とは別なものです。あなたのスピリットをビー玉くらいの大きさの光の球としてイメージしてください。

次のステップで、私たちはとても小さな光の球になって頭から抜け出し、喉のチャクラに行きます。最初に心の準備として説明しておきましょう。

高いビルがあり、その外側にエレベーターが設置されているのを思い浮かべてください。エレベーターはガラスでできているので、中から素通しで外が見えます。一番上から一階まで降りていくあいだ、ビル全体がよく見えます。エレベーターに乗って下がっていくにつれ、ビルの最上階が遠くなっていくのを感じます。自分の相対的な位置が変わると同時に、実際に違った角度からビルを見ることになります。

さて、目を閉じて（これは重要です）、イマジネーションに映るものをよく見てください。あなたは小さなまるい光の球です。頭の中の松果体を出て、エレベーターのように下がっていきます。喉のチャクラまで降りていきましょう。頭から抜け出ると、自分の頭がビルの最上階のようにどんどん遠ざかっていくのが見えます。この過程についてあれこれ考えないようにしましょう。考えると妨げになりますから、ただこれをゲームのように楽しんでください。

喉のチャクラに着くと、上のほうに頭があるのが喉の中から見え、またはそういう感じがするでしょう。喉の内側の柔らかさに気づいてください。あなたは今、肩ぐらいの高さにいます。うまくいっています。もしうまくできなければ、一度やめてリラックスし、このエクササイズをゲーム感覚でやることを思い出しましょう。内なる眼であなた自身を見て、感じてください。あなたのスピリットが頭から抜けて喉に入っていくところが見えたり、感じられるまで続けてみてください。

では、いったん頭に戻ります。スピリットが頭の中、頭蓋骨の中に戻るとき、肩が下のほうに遠のいていくのが内なる眼で見えるか、感じられるでしょう。

再び頭に入ったら、正しい方向を向いていることを確認してください。目のある方向を向きましょう。（これはおかしく聞こえたり、当たり前だと思うかもしれませんが、実際に向きを間違えて戻ってしまい混乱した人もいました。その場合には、ただ目のほうに向き直せばすべてが正常に戻ります）

頭を出て、再び喉に行ってください。また喉の柔らかな組織を感じます。

景色が変わっていくのを見ながら、もう一度頭に上がりましょう。頭に戻ったら、頭蓋骨の硬い骨を感じてみてください。そこは喉とどんなふうに違うでしょうか。

また喉に下がります。まわりの柔らかな組織を感じて、頭蓋骨の中との違いをよく感じてみてください。

今度はもっと遠くまで行きましょう。喉から抜け出て、右肩に行ってみます。あなたの内なる眼が体の正面のほうを向いているとすれば、そこから見上げる頭は左上のほうに見えるはずです。肩の骨を感じてみましょう。

さあ、次は右腕から右手まで降りていき、てのひらの中に入ります。あなたのまわりにある指を見てください。いまやあなたはとても小さくなっているので、きっと指はずいぶん大きく見えるでしょう。指はどんなふうに感じられますか。

肩に戻り、そこから喉まで戻ってください。頭に戻る前には、必ず位置を確認するための地点としていったん喉で止まってから上がるようにします。では、目のほうを向いていることを確認して頭へと戻ってください。まわりにある頭蓋骨の硬さを感じてみましょう。

これで最初のエクササイズはおしまいです。これを続けて行い、肉体のもっとほかの部位に移動する練習をしても結構です。ただし心臓にはまだ行かないでください。それ以外なら、どこでもかまいません。あなたの体です。頭に戻るときは必ず喉にいったん戻り、方向を確かめてから上がるようにしてください。

エクササイズ2・スピリットが心臓に入る

この時点で私たちはハートに入るための準備はできましたが、まだすぐハートの聖なる空間には行きません。その前に、頭と心臓の違いを感じる必要があります。

先ほどと同じように、目を閉じ、頭から抜け出して喉に降りてください。あなたが今だと感じる時まで待ち、それからハート・チャクラではなくて、肉体の中にある心臓に向かいましょう。あなたの内なる眼を使って心臓を見るか、感じてみて、そこを目指して降りていきます。心臓にたどり着いたら、その皮膜を通り抜けて心臓の中に入ってください。心臓が鼓動しているのを聞き、感じます。あたりの組織の柔らかな感触を感じてみましょう。硬い頭蓋骨との違いがわかりますか。心臓は女性で、頭は男性です。これはとても明らかです。好きなだけ心臓の中にいてかまいませんが、たぶん5分以上はとどまらないほうがいいでしょう。今はまだ聖なる空間のことを考える必要はありません。心臓の内側がどんなふうなのか感じてみるだけでいいのです。

ほどよい時間だと感じたら、膜を通り抜けて心臓の外に出て、喉まで上がります。そこでちょっと喉を感じるために止まり、それから頭に戻りましょう。目と同じほうを向いているか確認してください。頭に戻るとどんな感じがしますか。心臓との違いを比べてみましょう。頭蓋骨の硬さを感じて、さっきの心臓の組織の柔らかさと比べてみてください。

これでエクササイズ2は終わります。

エクササイズ3・頭の「オーム」、心臓の「アー」

最後のエクササイズは3回ほど続けて行います。頭にいる時は「オーム」という音を出し、心臓にいる時は「アー」という音を詠唱(チャント)します。もう少しはっきり説明すると、自分の声を使ってそれぞれの場にふさわしい音を出すということです。このエクササイズは精妙でとらえにくいかもしれませんが、ここまでやってきたことのすべてを細胞レベルで理解するのに大きな助けとなります。

まず目を閉じて、まわりにある硬い頭蓋骨を感じます。そうしたらあなたの声で「オーム」という音を1回出してください。この音を出すと、それが頭蓋骨の中でどのように響くか感じてみましょう。

次に喉まで降りていき、一瞬そこで止まります。それから心臓に向かいます。内なる眼で心臓が近づいてくるのを見てください。心臓の中に入り、その空間を感じましょう。「アー」という音を1回出して、それが柔らかな心臓の内側にどう響くか感じてみてください。もう1回出して、感じてみます。

心臓を出て、喉に戻ってください。そこでちょっと待ってから頭へと進みましょう。頭蓋骨の硬さを感じて、「オーム」という音を出します。

ここまでの手順をもう2回繰り返してください。その後、この二つの場所がどんなに違っていたか振り返ってみましょう。男性と女性ほど違います。

これでエクササイズ3が完了しました。

ハートの聖なる空間へ入る二つの道

南米のコギ族の人たちが私に教えてくれたハートの聖なる空間に入る最良の方法は、完全に真っ暗な部屋か空間で目を閉じて立ち、九夜九日、飲まず食わず、しかも寝ずに過ごすというものでした。このようにすると母なる地球が訪れ、道が示されるそうです。

彼らの生き方ならそうした瞑想法も可能でしょうが、私たちにとってそれは崖っぷちを飛び越えるほど大変なことです。このテクノロジー社会を知らないコギ族の人々は、ハートの聖なる空間をその方法で教えるように言いましたが、それは現実には難しいと私は思いました。私たちの現代社会ではこのような9日間の瞑想はほとんどの人にとって不可能だろうと彼らには話しました。なかにはできる人もいるかもしれませんが、世界中の人に広めるにはもっと他の方法を探さなくてはならないでしょう。

私は自分の内なるガイドに問いました。すると他にゆっくりと二つの方法が明かされていったのです。これ以外にもハートの聖なる空間に入る方法はありますが、これから述べる二つの方法は実に強力です。あなたがどちらの道からハートに入るかは問いません。あなたのハートが純粋であれば、そこにとどまることができるでしょう。

ハートの聖なる空間に入るのに、特別な学習や訓練は必要ありません。これは思い出しのプロセスです。なぜなら私たちは最初からずっとその空間にいたのですから。現在の私たちの意識は二極性のほうにそれることを選んでしまっていますが、このプロセスを学んだら、いずれ原初の一体（ワンネス）の状態に戻れることが確実です。

私が試した最初の方法は、ハートマス研究所によって発見された心臓を取り巻くトロイド型フィールド、特に大きな円環体（トーラス）の中の小さな円環体（トーラス）の発見に基づいたものです。この巨大な電磁場の源が実はハートの聖なる空間にあると仮定すれば、このフィールドのいくつかの幾何学的なエネルギーラインをたどっていくと、そのまま聖なる空間に導かれるはずです。私はこれが事実であることを発見しました。やってみたら本当にその通りだったのです。

この最初の方法は、性質としては男性的です。つまり他の人に伝えることができ、また伝えられた通りに実行すれば結果はいつも同じだという意味です。残念ながら、男性的な方法は女性にはあまりうまく働かないようです。二番目の方法は女性的な性質のもので、あまりに簡単すぎてそれが

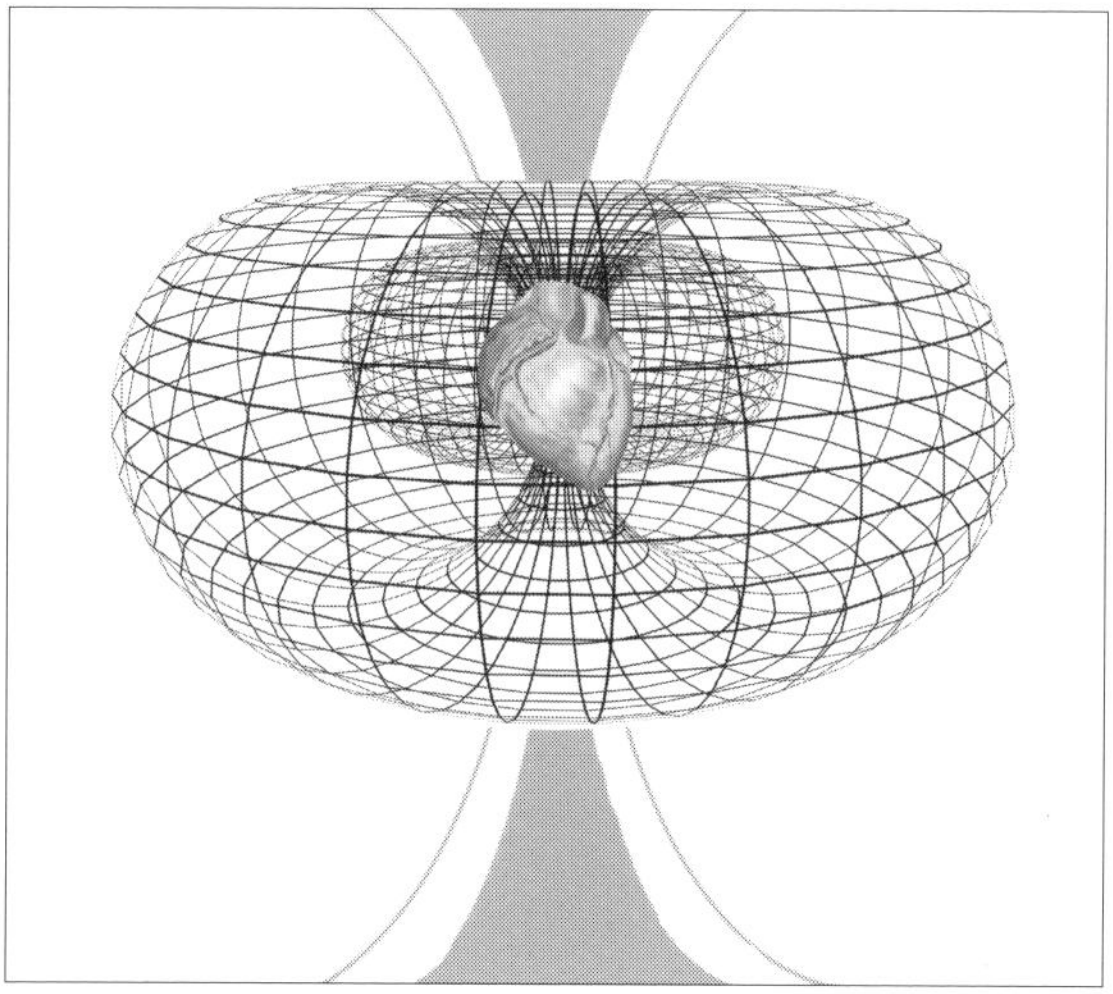

男性的な入り方：トロイド型フィールドの流れに乗る

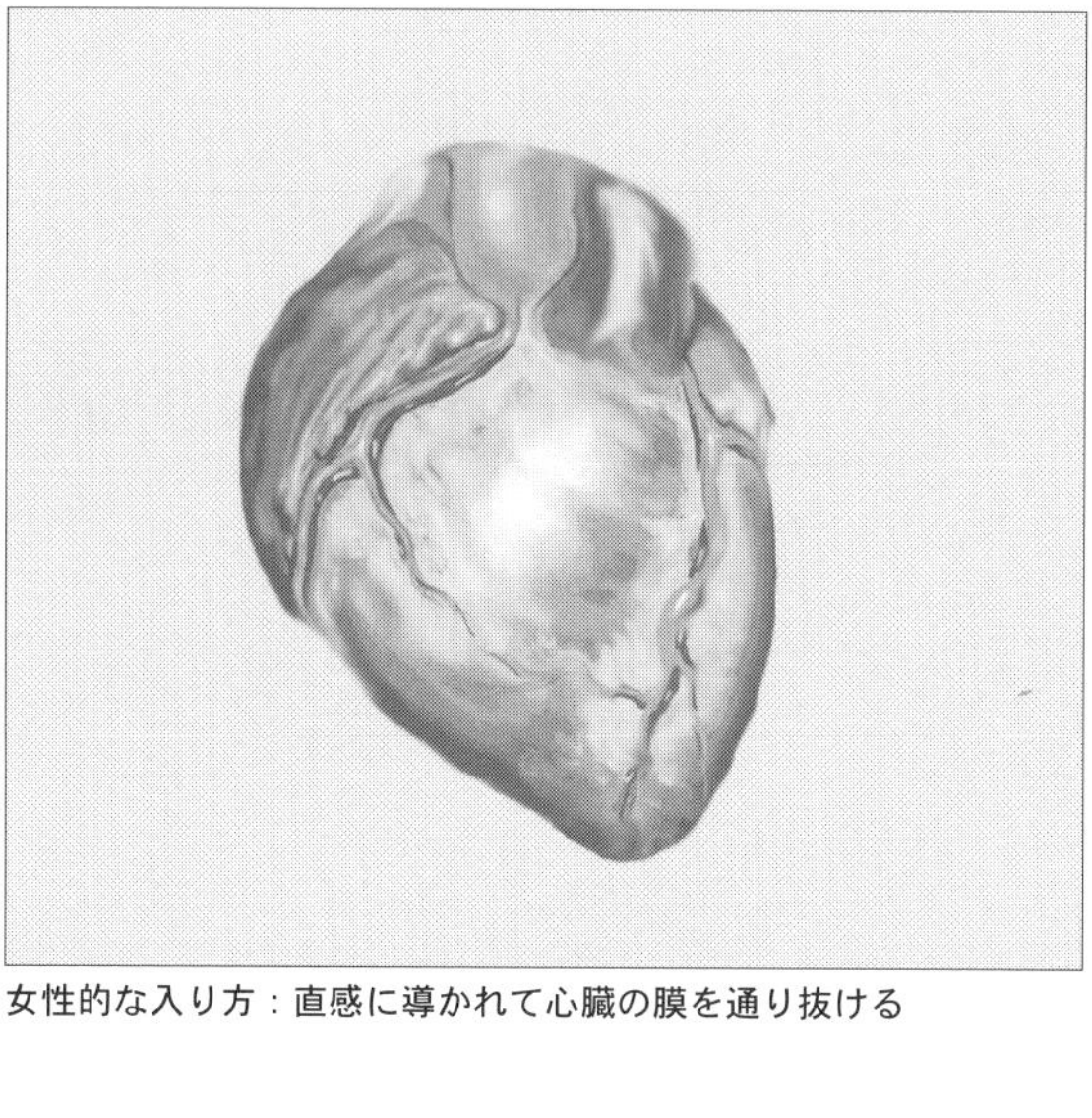

女性的な入り方：直感に導かれて心臓の膜を通り抜ける

見えてくるまでに私も少々時間がかかりました。

次の7章ではこれらのやり方をまとめて、ハートの聖なる空間に到達するための瞑想編として紹介します。実際の体験は次章にとっておくとして、今あなたにやっていただきたいことは、その方法をまず頭で理解しておくことです。自分の心臓が真ん前に見えるところに来た瞬間、内なる眼で心臓のまわりにあるトロイド型フィールドを見たり感じたりして、その中にある小さな円環体(トーラス)に焦点を合わせるのです。

ハートに入る男性的な道

これは男性的な入り方です。まず心臓に向かって行き、小さなトロイド型フィールドが見えてきたら、円環体(トーラス)を見下ろせるところまでフィールドの上へと昇ります。前にも説明したようにこのエネルギー・フィールドは渦巻き状で、排水口に流れ込む水のように回転しています。渦は外側ほど流れがゆっくりで、中心に近づくほど速くなり、あたかも排水口に吸い込まれるように中心へ落ちていきます。この渦は人によって時計回りか、反時計回りかです。この渦巻きの回転方向は性的な好みに左右される可能性もありますが、向きはそれほど重要ではないようです。

この瞑想を行うとき、トロイド型フィールドのてっぺんを見て、どちらの方向に回っているのか見たり感じ取ったりしてください。それから、川面を流れる木の葉のように、この渦巻くエネルギーにあなたのスピリットを乗せましょう。

自分が流れに乗って回転するのを体験します。最初はゆっくりですが、中心に近づくほど速度が増し、ついに真ん中に入って下に落ちていきます。何も怖いことはありません。ただ身を委ね、落下してください。一瞬にして台風の目の中に入ったかのように、すべてがしんと静かになります。あなたは今、ハートの聖なる空間の中に入ったのです。

ハートに入る女性的な道

今度は女性的な入り方です。先ほど述べたように、この方法はあまりに単純すぎて最初はそれがわかりませんでした。手順は簡単です。このやり方では、人それぞれに異なった体験をすることになります。あなたが男性でも女性でもハートに従うというのが合っているなら、この方法がいいでしょう。

あなたがすることは、ただ心臓に自分が近づいていくのを見るか感じるかして、先ほどやってみたのと同様、身をまかせるようにしてその膜を通過するのです。ただし今回はあなたの女性的なサイキック力に主導権をあずけ、直感があなたをハートの聖なる空間に導いていくままにしてください。自分自身がその聖なる場所に一直線に向かっていることを信頼して、流れに委ねましょう。

どちらかの方法をやってみて、もしだめだったらもう一方を試します。忘れないでください、あなたは神の子です。そのありかを知っています。なぜなら、あなたと神はいつもそこで一つだからです――いつもずっと。

7章 ［瞑想編］ハートの聖なる空間へ

さあ、いよいよ本番です。実際にハートの聖なる空間を体験する時がきました。あなたがお望みなら、この章にある言葉が、何千人もの人が体験ずみのもっとも聖なる場所、あなたのハート、創造の源へと導いてくれます（以下の指示はＣＤに入っていますから、この瞑想のために本を読む必要はありません）。

予想や期待はいっさいせず、ただ子供になってあらゆる可能性と遊びましょう。あなたの体験が現実のものであれば、後ですぐにわかります。キリストが語った言葉を思い出してください。「幼子のようにならなければ天の国に入ることはできない」[*]のです。

✣瞑想の準備

あなたが瞑想するのに最適と思われる場所を探してください。そこに一本のローソクと新鮮な花を飾った簡素な祭壇を作ります。邪魔が入らない場所を選びましょう。そうすれば瞑想に集中できるだけでなく、戻ってくる時もスムーズです。

床に座る場合には、背中を支えるクッションを用意してください。椅子に座るのなら、両方の足

＊新約聖書「マタイによる福音書」18章３節より

の裏をぴったり床につけて、背筋をまっすぐ伸ばしましょう。もし立っているなら、あなたの重心を感じ、体が望むままに少しゆすったり動かしたりしてみてください。

この瞑想を行うのはなるべく暗い場所がふさわしく、暗ければ暗いほどよいでしょう。はじめの頃はローソクの灯でさえ瞑想の妨げになるかもしれませんが、何回かするうちに明かりはそれほど気にならず、目を閉じるだけですぐこの空間に入れるようになります。でも最初はできるだけ暗いほうがいいでしょう。もっといいのは、マインドフォルド*などの目隠しをすることです。そうすれば光がすべて遮断され、部屋が暗いかどうかは関係なくなります。

では目を閉じて、吸う息と吐く息の長さが同じになるように一定のリズムで呼吸しはじめてください。静かに気持ちよく息をしましょう。日常の現実や心配事はしばらく忘れて、呼吸のリズムについていきます。数分のあいだ自分の呼吸のあとを追ってください。だんだんリラックスして、心地よく感じられてきます。急ぐ必要はありません。あなたがこれから行くところに時間というものはないのですから。

すべてが整ったと感じられたら、あなたの意識を呼吸から内なる眼へと移し、融合呼吸(ユニティ・ブレス)を始めてください。これはすべての聖なる儀式への扉です。

✟融合呼吸(ユニティ・ブレス)の瞑想

あなたが美しいと感じる自然の風景を思い浮かべてください。できるだけ細部まで詳しくイメー

＊マインドフォルド (mindfold)：瞑想用の目隠し。スピリット・オブ・マートのサイトで紹介されている (http://spiritofmaat. com)。

ジしましょう。もし視覚よりも、ほかの感覚を通してのほうが見やすいようでしたら、そちらを使ってください。誰でもその人に合うやり方があります。自然、そして母なる地球に対する愛を感じてみましょう。その愛はハートの中でどんどんふくらみ、やがて体中に満ちてくるのがわかります。

今だと感じたとき、愛を小さなまるい球にこめ、あなたの意図によって大地のはるか奥深く、地球の中心まで送ります。あなたが聖なる母をどのくらい愛しているか伝えてください。あなたの愛を感じてもらいましょう。そして、母なる地球からあなたに愛が返ってくるのを待ちましょう。

母なる地球の愛があなたのエネルギー体に入ってくるのを感じたら、どこへでも、どんなふうにでも、自由に流れ込むようにしてください。あなたと地球のあいだに愛が通い合うのが感じられます。好きなだけ、そのままでいてください。

時がきたのを感じたら、聖なる母との愛の流れを止めることなく保ちつつ、今度はあなたの聖なる父へと意識を移しましょう。内なる眼を通して、夜空、天の川、宇宙の深淵を見て、感じてみてください。惑星や月がそこに輝いているのが見え、地球のはるか裏側に隠れている太陽の存在が感じられます。

あらゆる被造物と、聖なる父に愛を感じます。そして今だと感じたら、あなたの愛を小さな球にこめ、聖なる父に直接届くよう意図して天に送りましょう。地球、太陽、さらには大い（グレート・）なる中心太陽（セントラル・サン）をおのおの取り巻くグリッドに送ります。父なる天にあなたの気持ちを伝えてください。そして待ちましょう。

聖なる父からの愛が地上に降りてきて、あなたの体に注がれるのを待ちます。そして愛が感じられたら、どこへでも、どんなふうにでも、その愛が流れるにまかせてください。コントロールをすべて手放し、ただその愛の流れを感じましょう。

今この瞬間、「聖なる三位一体」が地上に具現化しました。聖なる母、聖なる父、そして聖なる子供であるあなたが、純粋な愛で結ばれています。まさしく神聖な瞬間です。ただ聖なる両親と共にあり、その愛を感じます。

この純粋な愛の場から、神の存在に意識を開きましょう。神はあなたのまわりにも、あなたの中にも宿っていたことに気づいてください。この一つになった宇宙の力をあるがままに感じ、生命の息吹を呼吸しましょう。

✝ハートへ入る道の選択

あなたがハートの聖なる空間にどう入っていくかを選択してください。トロイド型フィールドの渦巻きを使った男性的な道か、あるいは、直感にまかせた女性的な道のどちらかです。あなた次第でどちらを選んでもかまいません。

あなたの意図と意志をしっかり持ち、頭を抜け出して喉まで降りていきましょう。喉の感触をまわりに感じ、それから心臓に向かいます。

あなたが男性的な道を選ぶなら、内なる視覚やそのほかの感覚を使い、トロイド型フィールドの渦巻きが見える心臓の上まで昇ってください。そして川面を流れる木の葉のように、あなたのスピリットを渦の流れに乗せましょう。どちらの回転方向であれ、あなたは螺旋状に回転しながら渦の中心へ落ちていくのを感じます。静止したのを感じるまで、落ちてください。そして今、あなたはハートの聖なる空間にいます。

あなたが女性的な直感の道を選ぶなら、心臓が近づいてくるのを見るか、感じるかしてください。そして心臓の膜を通り抜けて中に入ります。あとは直感にすべてを委ね、ハートの聖なる空間まで導かれていきましょう。

さあ、あなたはハートの聖なる空間に着きました。あたりを見回してみましょう。よくあることですが、もしそこが暗かったら、「光あれ」と言ってください。暗闇が明るくなるのが見え、またはわかるでしょう。

ハートの聖なる空間が一度でも見えたり感じられたりしたら、そこに浸透している音の波動に意識を向けてみてください。その音にしばらく耳を傾けます。そして今だと感じたときに、その音をあなたの声に出して発するのです。内なる耳に聞こえてくる音にできるかぎり近い音をハミングしましょう。真似てみてください。声に出してハミングを続けながら、この聖なる場所の探索に乗り出します。

†ハートの聖なる空間へ、初めての旅

さあ、冒険が始まります。あなたはここへ何百万回も来たことがあったのを思い出すかもしれませんし、あるいは初めてだと感じるかもしれません。どんな体験をするにしても、知っておくべきことがいくつかあります。

ハートの聖なる空間は、天地創造よりもずっと古いところです。生命が息づく銀河のできる前からすでにこの空間は存在していました。あなたがこの創造世界のなかで訪れたことのあるすべての場所が、この空間には記録されています。まず最初に、それらのすべてが何なのか、また生命とは何であったのかを思い出しはじめるかもしれません。

あなたはこの聖なる空間の中に、自分が何よりも具現化したい、体験したいと願っていることを記したのです。つまり、あなたのハートのもっとも深い望みです。それらの記録は、あなたが思い出せるようにそこにあります。あなたが最初に地球に来た目的です。最近だったか、大昔だったかは関係ありません。それこそ、まさにあなたが今ここに存在している理由なのです。あなたはこれらの記録を探ってみるかもしれませんし、直感にまかせて導いてもらおうと思うかもしれません。いずれにしても、すべてがあなたに明かされていくでしょう。あなた自身がそのタイミングと流れを設定したのです。

ハートの聖なる空間を初めて訪れる時は、たぶん滞在する時間を30分以内と決めておいたほうが

いいでしょう。タイマーを使ったり、誰かに時間がきたら声をかけてくれるよう頼んでおくこともできます。この聖なる空間はとても魅力的ですから、そこにとどまるべき時間がわかるようになるまでは、やはりある程度経験が必要です。短い時間から始め、慣れるにしたがって時間を延ばしていきましょう。

✝ハートの聖なる空間へ、二度目の旅

あなたがハートの聖なる空間を二度目に訪れたとき、聖典「ウパニシャッド」がハートの中の小さな空間と呼んでいる、空間の中の空間を見出すことができます。前の章で、ハートの聖なる空間の中にはとても重要な小さい空間があると述べました。二度目の旅では、直感を使ってこの場所を探してみてください。その空間はすべてを変えるでしょう。

ハートの聖なる空間に二度目に入るときは、初回よりもずっと簡単に早くできるようになります。練習を重ねていくと、やがて数秒で自分の聖なる空間に入れるようになるでしょう。

目を閉じて、あなたの中で母なる地球と父なる天への愛を確かめ、その愛の感情や思いで結ばれているのを感じましょう。

あなた自身が頭から抜け、喉に移動するのを感じます。そこから心臓まで行き、あなたのハートの聖なる音をハミングしてください。ハミングの波動があなたを聖なる空間にすばやく運んでくれ

ます。もうあなたはそこにいる、という感じです。このやり方がわかるようになると楽になります。ハートの聖なる空間の中の小さな空間まで導かれることを、あなたの意図によって委ねてください。この空間は人によってそれぞれ違いますが、すべての人に同じような性質もまたあります。

この創造の空間に出会ったのがわかったら、その中に入りましょう。感じるままにそこに馴染んでみてください。

波動が高まったことに気づいてください。この小さな空間はハートの他のどこともまったく異なっているのがわかるでしょう。創造はここから始まったのです。あなたは自分がどこにいるかわかるまで少し時間がかかるかもしれませんし、すぐにわかるかもしれません。生きとし生けるものの創造主はここに住まうのです。この空間において、すべてのことが可能となります。

♥ ♥

神と出会うには、自分のもっとも愛する人をこの内なる空間に呼び入れるのが一番簡単であることを、生徒たちは私に示してくれました。最愛の人が何人もいる場合はそのうち一人を選んでください。「コンタクト」という映画をみたことがありますか。宇宙の進化した文明の種族は、高次元の意識を探求している地球人女性の前に、彼女が一番愛していた父親の姿をとって現われました。つまり彼女が一番受け入れやすい形でコンタクトしてきたのです。

ですから、今この世に存在しているかどうかにかかわらず、あなたのもっとも愛する人を招待してください。聖なる空間はすべての人のハートが親密につながっている場所です。その人が現われたら、あとは特に決まりはありません。何であっても、ただ起きることにまかせてください。どうすればいいかは神が正確に知っています。

日々、ハートの中のこの聖なる空間に戻り、探検を続けてください。自分とは本当は誰なのか、今なぜこの世界にいるのか、あなたには思い出す権利があります。あなたは驚くほど素晴らしい、神の子供なのです。どこともつかない宇宙の真ん中の、とある小さな惑星で人間になった夢を見ているだけなのです。あなた自身が本当は誰であるのかを思い出したとき、一体どうなるのでしょうか。それはあなたにしかわかりません。

いまやあなたは「故郷」へ帰る道を知ったのです。このハートの聖なる空間で、すべての世界、すべての次元、すべての宇宙、すべての被造物がみずからの誕生について知りました。あなたが自分一つのハートとつながれば、あまねく場所に存在する、あらゆる生命のハートと結びつくことになるのです。

8章 ハートの聖なる空間とマカバ

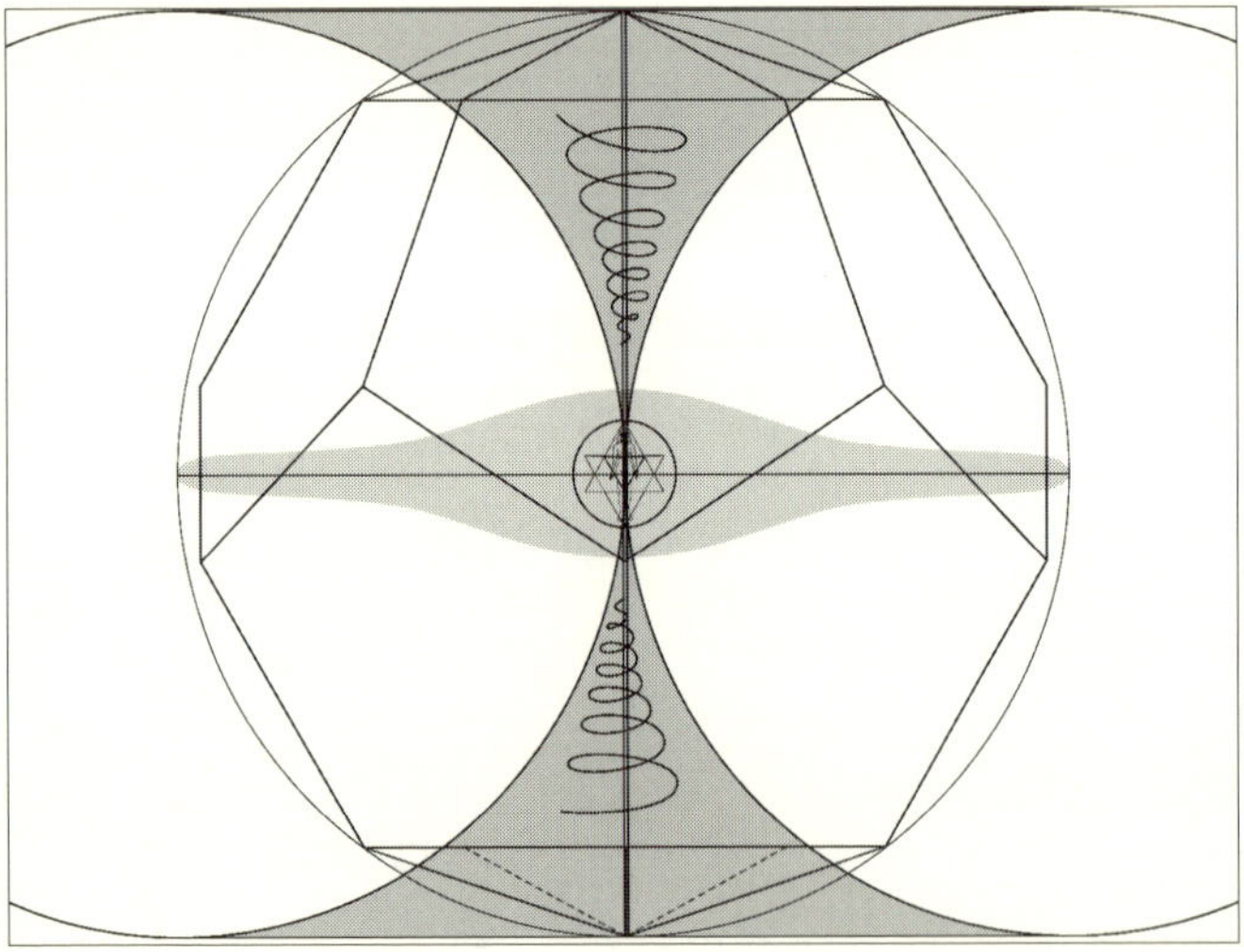

多くの人々が、人間の光の体（ライトボディ）、マカバの次なるレベルへ行くための指示を待ち続けてきました。すべての物事にはふさわしい時機があり、みな聖なる秩序のもとに起こるため、私がこの情報を得るまでには19年近い歳月を要しました。

マカバにはあともう一つのレベルというか、側面がありますが、それは未来に属するもので神が決めた時に現われます。今の時点で、私はこの最後の三番目の情報については部分的にしか得ていません。三つの側面が結びつき、現実に活かされた時にはじめて本当のアセンションが可能となるのです。

『フラワー・オブ・ライフ』の２冊を読んだだけで、あるいはワークショップに一度参加したりビデオをみただけで、マカバの情報を教えはじめてしまった人がたくさんいます。こうしたことが起こったのは地球にとって悲劇です。それらの人々は、マカバとはもう完璧なもので、多少手を加えることによって人間を「正しい」意識レベルに到達させられると信じています。しかし、これは真実ではありません。エネルギーの型に基づいたマカバの科学だけでは、どんなに知識を積み上げてもそれは不可能です。宇宙のどこから、また誰からもたらされたものであってもそうです。

この天地創造よりも古いメルキゼデクの意識は、数知れぬ宇宙の一つである、この時間・空間・次元宇宙の創造を目撃してきました。その体験からメルキゼデクの伝統が悟ったのは、一人ひとり個別化したスピリットも、マカバの三つの側面を生きることによって、いつでもハートの聖なる空間に住まう神の意識に戻れるというものでした。つまり新しい形での天地創造の始まりです。まさにこれこそ、マカバの体験が最終的に導いていってくれるところなのです。

そうなる前に、まずスピリットはその三つの側面を思い出し、一つに合わせて、その体験を生きなくてはなりません。本章と次の章でマカバの二番目の側面を学びましょう。それは、ハートの聖なる空間とその人のマカバ・フィールドを結合させることです。

もしあなたがマカバ瞑想を学んでいなければ、ハートの聖なる空間を思い出すだけでも大丈夫です。いずれハートの聖なる空間においても、光の体（ライトボディ）はあなたの人間体験に不可欠なものであることが明らかになってくるでしょう。それはハートとマインドをつなげ、ハートがマインドの中で創造力を発揮できるようにしてくれるのです。

マカバの幾何学形には、それこそたいへんな数の種類があります。宇宙全体では10万以上もの図形パターンが知られています。すべての生命は創始以来、これらのマカバの形を理解して存在と意識に結びつけようとしてきたのです。

現在、人類は星形二重正四面体（スター・テトラヒドロン）に関連する一番目と二番目のパターンにしか、まだ働きかけていません。その他にもたくさんあるのですが、誰がどう主張したとしても、それ以外の形は現時点での人間の意識には合いません。事実、利益よりは害を与えるでしょう。

時がくれば、すべて明かされていきます。隠しておけるものは何一つなくなります。あらゆる物事には時機があるのです。あなたも3歳の子供にトラックは運転させないでしょう？

ハートの聖なる空間をマカバと結合させる

私のハートの聖なる空間とマカバが結合したときの体験をお話ししたいと思います。この話は非常に多くのことを物語ってくれるでしょう。ただ、いざあなたがこれを体験をすることになった際には、ほぼ確実にまったく違うものになるだろうことは知っておいてください。

私にとってそれは一見偶然に起きたかに思えましたが、もちろん「偶然」なんかではありませんでした。私はいつものようにマカバ瞑想の呼吸をしながらハートの聖なる空間に移行しました。そして例の自分の洞窟にある聖なる場所に歩いていき、それまで通り、小さな泡をたてながら水があふれる円形の石の中に座って壁に向かいました。

特に何も考えたり感じていなかった私は、ただ自分の呼吸に意識を向けてそのあとを追いました。目を開けたまま、正面にある岩の壁を見ていました。壁はいつもと同じように透明になっていきましたが、この時はなぜかその壁の石がまばゆいばかりの白い光で輝きだしたのです。その光はどんどん強くなり、やがて洞窟は消え、私は白い光の硬いフィールドにすっぽりくるまれて、その外は何も見えなくなってしまいました。まるで盲目の状態です。

これは一度も経験したことのない、尋常ならざる事態でした。恐怖はありませんでしたが、私は背筋を伸ばし厳戒態勢をとりました。はじめてクンダリーニが脊柱を貫いた時と同じようにエネルギーが上昇していくのがわかりました。自分ではどうすることもできません。何であったにせよ、それはただ体験するのみで、しかも非常に強力でした。

やがて徐々に白い光が収まってくると、自分がゆっくりと固い岩の洞窟から抜け出して浮上しはじめ、地表から上空を超えて外宇宙に出ていくのがわかりました。状況を把握するのに1分ほどかかりましたが、そのとき自分のマカバ・フィールドの中に入ったまま、宇宙を高スピードで上昇しているのだと気がつきました。

私は直感的に、自分のハートの聖なる空間とマカバがどうしてか結びつき、一つに融合したことを悟りましたが、それについて考えている暇はありませんでした。

馴染んでいた惑星ははるか後方に遠ざかっていくのが見え、目を転じると星々の広大な宇宙が目に入りました。そしてすぐ眼下には宇宙と同じくらい大きい惑星が広がっていたのです。私はショックを受けると同時にものすごい高揚感におそわれました。どうしてこんなことになったのでしょう？　見当もつきません。これはいったい何を意味しているのでしょうか？　わかりません。私は自分の身に何が起きているのか、ただ見守る以外なすすべはありませんでした。

私はその惑星の上空１６００メートルくらいのところを、アセンションの乗り物にのって高速で飛んでいました。下には原生林、木々、植物や広い海に覆われた原始的な様相の世界が広がり、まだ動物の気配はありません。地表近くまで降りていこうかと考えたとたん、アセンションの乗り物がその通りに降下しはじめました。

どうしてこんなことが起きるのでしょう？　一体ぜんたい何がどうなっているのでしょう？　頭の中をたくさんの疑問が駆けめぐりました。これらのすべては途方もなく重要なことだというのはわかりましたが、その渦中にあってはただ体験し、繰り広げられていく光景をひたすら見守るばかりでした。

そのとき、私は神の遍在に気づいたのです――自分のまわりにも、内側にも、そしてこの体験をさせてくれている導きの法則（それが何であるにせよ）のなかにも。智恵と呼ぶべきものが舞い下りてきて、私のすべての疑問が氷解していったのでした。新しく疑問が浮かぶたび、瞬時に答えが湧くのです。いまだかつて経験したことのない、まっさらの宇宙に自分が生まれ落ちたのを感じながら、私はこの惑星の上を飛翔していました。なんと爽快だったことでしょう！

1時間ほど経ったでしょうか。私は夢から醒めるように目覚めました。自分がまだそこにいるかのごとくイメージや感覚がありありと残り、それから何日間も他のことはいっさい考えられませんでした。

天使たちの助言

この体験の直後に天使たちがやって来ました。彼らは大変な喜びようで、今までにないほど最高に明るく輝いていました。そして私がついに第二レベルに到達したのだと教えてくれました。けれどもその時の私には何の話やら実際さっぱりわからず、理解するまでにはしばらく時間がかかりました。

私のガイドである天使たちはこんなふうに説明してくれました。私のマカバの軸と、ハートの聖なる空間から発生しているトロイド型フィールドの軸が、合体（アラインメント）して一つになったというのです。マカバ・フィールドとハートのトロイド型フィールドとがシンクロしたとも言えるでしょう。通常、両方のフィールドの軸は約7～8センチしか離れていないのですが、それは500キロ離れているにも等しく、こういった体験が無秩序に起きることのないよう、機が熟すまでハートと頭は切り離されているのだそうです。

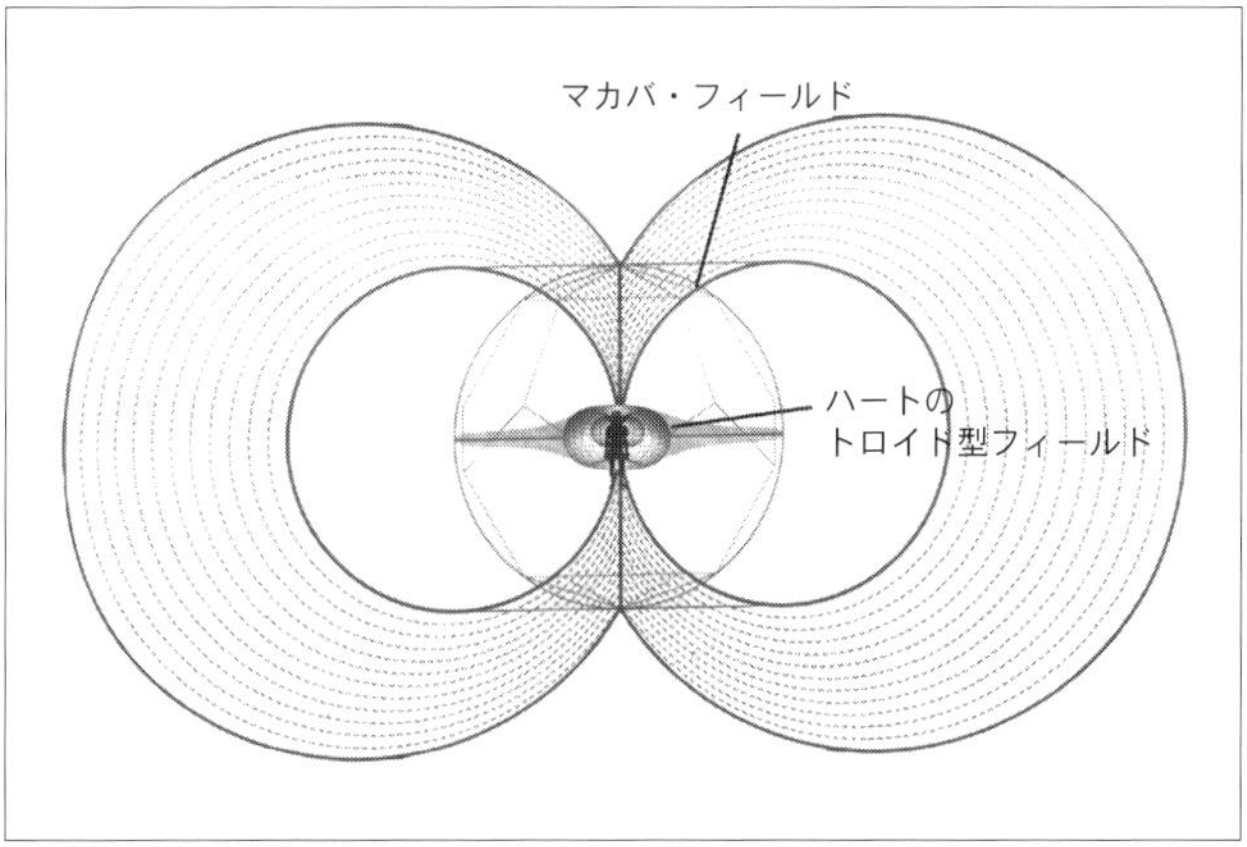

マカバ・フィールドと、ハートの聖なる空間のトロイド型フィールドが一つに結合したところ

天使たちは、この体験は人によってまったく異なるけれども、こうした可能性について知り、忍耐強くあることが助けになるだろうと話してくれました。このシンクロが早く訪れる人もいるでしょうし、何年もかかる人もいるでしょう。それがいつどんなふうに起こったとしても、必ず聖なる秩序に基づいた完璧なタイミングなのです。

最後に天使たちは教えてくれました。準備ができたと感じたとき、マインドの想像力とハートの夢みる力を使ってこの二つの軸が一つになるのをイメージするのは、それはそれで役に立つだろうが、期待は何もしないほうがいいと。タイミングは神におまかせで、誰にもそれを起こさせることはできません。いつでも時宜にかなったタイミングというものがあるのです。

9章 マインドとハートの共同創造

マインドとハートによる意識の共同創造は、いかにしてあなたがマカバの中で、ハートの聖なる空間のさらに小さな空間に宿るあなたのスピリットと一つになって存在するかという知識から始まります。この意識の状態から、人は外界に向けてじかに創造と具現化を行っていくのです。ただし知っておいてほしいのですが、第三レベルがマスターされていない間は、この創造にはまだ限界があります。それでも学びのスタート地点として、ここは最適なところです。

私があなたに目を向けてほしいのは、ハートの聖なる空間のさらに小さな空間の中における意識の共同創造という可能性です。この原初の地点から、あなたは世界を愛とバランスの場につくり直し、あらゆる問題を癒すことが可能になるのです。

マカバの存在に気づいていなくてもそれは可能ですが、マカバ・フィールドと、ハートの聖なる空間が結びつけば新たな可能の次元が開けてきます。覚えておいてください、三つのレベルすべてがマスターされるまで、人間に潜在する可能性も、意識の共同創造の可能性も、１００パーセント開示されることはないのです。しかし私たちはどこからかスタートしなくてはなりません。

トートの教え

トート*と女性パートナーのシェサットを含め、何人かのアセンションしたマスターたちが、最近になって「大いなる壁」の向こう側の空間・時間・次元から帰ってきました。「大いなる壁」とはオクターブとオクターブの間にある虚空（ヴォイド）のことで、人類の進化が今向かいつつあるところです。古代におけるトートの最初の名はチクェテットといい、「智恵を探究する者」という意味でした。トートは次なるオクターブの宇宙から戻ってきたとき、人格が完全に変わっていました。真実を理解しようとする彼のあくなき探究心は、探究を超越したところからくる叡智へと変貌を遂げ、内的にたいへん静穏になっていたのです。

トートは私の前に姿を現わし、私を見てこう言いました。

「ドランヴァロ、地球の私たちは創始以来ずっと人類における体験と創造との関係について探究し続けてきた。私たち（アセンションしたマスターたち）はみな人間の思考と行動と奇跡のつながりを解明しようと努めてきて、そして一度は理解したと考えていたのだが、ここに来てさらにもっと奥があったことを知るに至った。

いまや明らかだ。人は頭の中で何かをつくり出すとき、マインドという二極性のある道具を使って創造している。そのため、いくら良いものを創造しようと意図しても、常にマインドの二極性ゆ

＊トート（Thoth）：著者を導く霊的存在の一人。古代エジプトでは知識と学芸の神で、しばしばヘルメス・トリスメギストスと同一視される。その教えは『フラワー・オブ・ライフ』１・２巻に詳しい。

えに善と悪の両方を創造してしまうのだ。

私が勧めたいのは、ハートの聖なる空間だけから創造することだ。なぜならハートは一体であることしか知らず、闇の側面を伴うことなく意図した通りを創造するからだ」

これは私には目からウロコでした。私はトートを見つめながら立ちつくしていましたが、即座に彼の言うことが真実だとわかりました。胸が高鳴りました。私は何か重要なことがわかると、よくそうなります。そして実際に試してみる日が待ち遠しく感じられました。

ハートによる創造

人々は神の存在を意識するようになって以降ずっと、外的世界の状況を変えてほしいと神に祈ってきましたが、神がいつも私たちの願いを聞いてくださるようには見えません。なぜでしょうか。たぶんあなたも、どうして神は自分の望みをかなえてくれないのだろうと思ったことがあるでしょう。聖書には、「求めよ、されば与えられん」** と書いてあるではありませんか。なのに往々にしてそのようにはいかないのです。おそらく、これから述べることがその答えになるかもしれません。

創造、すなわち現実をつくり出すことについて考えてみましょう。学校でも家庭でも、私たちはさまざまな自然界の要素や物理法則の偶発的な作用には逆らいようがないとさんざん教え込まれて

＊＊新約聖書「マタイによる福音書」７章７節より

きました。そしてもちろん、これを本気で信じるとその思い込みに縛られ、現実となります。

しかし、ずっと昔、人々はそのようには考えませんでした。現実のスピリチュアルな側面を信じ、人間のスピリットは内なる意図によって外側の現実を変えることができると考えていたのです。

グレッグ・ブレイデンは、その著書『イザヤ・エフェクト』のなかで、１９４７年に考古学者たちが「死海文書」の近くに「イザヤ文書」という巻き物を発見したと報告しています。古代の「イザヤ文書」には、人間は自分の内側から未来の可能性や予言に影響を及ぼして周囲の世界を変える力を持つと書かれているのです。

現在のテクノロジー文明においては、こうしたことは単なる空想にすぎないと考えられています。果たしてそうでしょうか。もし私たちが現在と未来に影響することはできないのだとすれば、キリストが私たちに教えたことはすべて嘘だったことになります。キリストは水の分子構造をワインのものに変換するという奇跡を起こしたのではなかったでしょうか。死んだ人をも蘇らせたのです。現代科学はこのような話はただの夢物語でしかないと見なしています。そういった見方を裏付ける科学的証拠がほとんどないからです。

キリストは「私を信じる者は私が行うわざを行い、また、もっと大きなわざを行うであろう」[*]と語りました。今、世界中に誕生しつつある新しい子供たちはどうでしょう。彼らはキリストがしてみせたようなことができ、それに関する報告が『ネイチャー』や『オムニ』など、定評ある科学誌にも掲載されているのです。

＊新約聖書「ヨハネによる福音書」14 章 12 節より

科学者たちは、このような子供たちの驚異的なサイキック現象がどのようにして引き起こされるのかはまだ解明していませんが、起こっていることは記録しています。これは事実なのです。ではハートの聖なる空間は、これとどう関係してくるのでしょうか。その前にまず、どのようにしてマインドが奇跡をつくり出すのか、そしてそれはハートの聖なる空間の場合とどう違うのかを見ておかなくてはなりません。

マインドによる創造

何かを求めて神に祈っても、何も起こらないことはしょっちゅうです。『イザヤ・エフェクト』はその理由を明らかにしています。古代の「イザヤ文書」は、どのような奇跡もマインドの注目あるいは焦点から始まると述べています。つまり自分がそうなってほしいと思うことにマインドの焦点を合わせるのです。

たとえばあなたが大変な病気に罹り、治したいと思って患部に注意を集中させるとしましょう。もちろん、何かが実際に起きるためにはそれだけでは不充分ですが、癒しが始まるには不可欠な第一歩です。

焦点の次には、意図が必要です。今の例で言えば、患部に焦点を合わせたら、今度はその病気が出ていくことを意図します。しかしこれだけでもまだ不充分です。何かが起きるためには、三つの体が関わる必要があります。すなわちメンタル体、感情体、肉体です。

メンタル体であるマインドは、体が癒されたところを見る必要があります。体が完全に回復して健康になり、どこも悪いところがないというイメージを持たなくてはならないのです。そしてこの癒しが今すぐか、あるいは一定の時間枠のなかで起きるのかを明確に把握している必要があります。それはあなたが受け入れられる程度によります。あなたは瞬時の癒しが受け入れられるでしょうか、それとも、もう少し時間をかけたほうがあなたの信念パターンには受け入れられやすいでしょうか。これを知ることは不可欠ですが、それでもまだまだ不充分です。

次には感情体が関わる番です。完全に健康で病気がない状態とはどんな感覚なのか、それを感じる必要があります。感じているとマインドで思うのでなく、実際にその感覚や気持ちを感じていなければなりません。これは多くの人が陥りやすいところですが、感情体が作動しないかぎり、決して何も起こらないのです。

それでもまだ充分とは言えません。あなたは病気の治癒を祈り、病気に焦点を合わせました。そして癒されるように意図し、あなたのマインドは体が癒されるのを知っています。感情体は、体が完全に回復した喜びなどの感覚を感じています。しかし、最後の三番目の要素が関与しないかぎり何も起こりません。これらを全部使って祈り、癒されることを知り、何時間も泣きながら懇願して、それでも何も起きなかったという人がどれほどいることでしょう。その原因は最後の要素が関わら

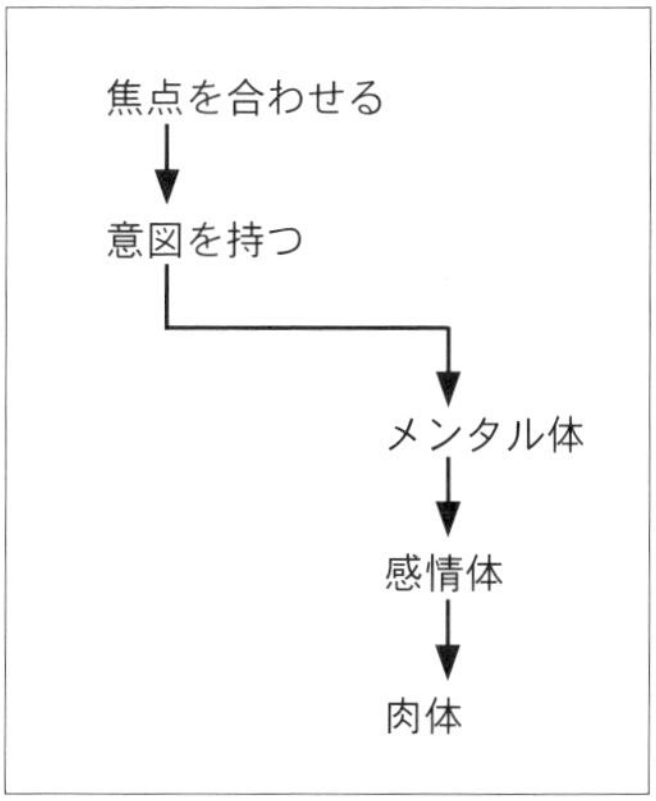

なかったからなのです。それはたいていの人が忘れていたり、認識していない部分です。

その忘れられがちな最後の要素とは、肉体のことです。今の例で言えば肉体のその患部が完全に正常になって回復したのを感じる必要があるのです。メンタルなパターンを感じるのではなく、意識によって体内を探査するのでもありません。あなたの体が反応しているところに、実際の肉体的感覚を持つということです。そうすると痛みを感じなくなり、意識を集中している患部に生命力さえ感じられてきます。あなたは自分の体を美しく健康に感じるのです。肉体の反応のこの最終段階が始まれば、必ずそこに奇跡が続きます。

しかし、『イザヤ・エフェクト』にも書かれていなかったことがあります。トートによれば、私たちがマインドから創造するとき、自分の意図の両極をつくり出すというのです。たとえば平和を祈ると、平和と戦争の両方を生み出してしまうのです。まさに今日の世界はご覧の通りです。何十万、何億もの人々が平和のために祈り、平和を求めていますが、この世界には平和な地域と戦争の地域が混在しています（現時点で46もの戦争が進行中です）。この事態をもう少し深く見てみましょう。

●「論理」対「感覚・感情」

マインドは思考を使って創造します。そして思考は論理を使いながら、さまざまな思考が相互に関連づけられていきます。したがってマインドが創造したものは何であれ、ある状態から別の状態へと変容した筋道をたどっていくことができます。たとえそれが奇跡であっても、論理的なプロセスがあるはずです。しかしすでに述べたように、当初の意図の二極性ゆえ常にその両極を生み出すことになるのです。

ところがハートの場合にはまったく話が違います。ハートは夢やイメージを使って創造し、それらは感覚や感情によって現実化されます。こういった形の創造は論理によらないため、一つの状態から別の状態へ移るのに何の脈絡も必要ありません。

たとえばあなたがハートで雨が降るように祈るなら、それまで雲一つない晴天でも、いきなり雨が降り出すことだってあり得るのです。それは夢の中と同じで、今イタリアにいたかと思うと一瞬後にはカナダにいるようなものです。数秒もしないで、どうやってイタリアからカナダに行けたのでしょうか。もちろん夢ならわかりますが、この3次元世界では無理だと誰もが思うでしょう。でも、本当にそうでしょうか。

新しい世界を夢みて

ハートの意識とマインドの意識による共同創造に必要な最後の情報は、体験的な気づきによってもたらされます。あなたにはどんなふうに現われるとしても、ハートの聖なる空間の中には必ず、この3次元現実の星や惑星に直接帰れるつながりがあることでしょう。このつながりはすぐには見えてこない場合もありますが、自分のハートに入る旅を続けていれば必ず見つかります。

これはとても重要なことです。なぜならこの次元の星や惑星とのつながりが、ハートの夢をこの世に具現化できるようにしてくれるからです。したがってハートの聖なる空間から具現化を行う前に、この世界に帰るつながりとして星と惑星を見つけ、その真実をつかんでください。

それでは、あなたのハートの聖なる空間に入っていき、ハートとマカバ・フィールドを一つに合わせて、新しい健やかな世界を夢みることを始めてください。

あなたの知るすべてを総動員し、意識による神との共同創造を通して、新しい体、新しい人生、そしてついには新しい世界を創造してください。その力を発揮することは、あなたの生まれながらの権利であり財産なのです。あなたは神の息子、神の娘です。あなたの内なる神との親密な絆から、すべてのことが可能になります。

本書でお話ししてきたことは、あなたの体は光であり、あなたの住む世界は光であり、その両方があなたの意識と直接つながっていることに気づいていただくための道のりです。あなたが本来誰であるのかに最終的に目覚めるための次のステップは、マカバのエネルギー・フィールドに囲まれてハートの中に生き、その聖なる場所で生活して、そこから創造していくことです。これは今あなたが存在している、その聖なる目的を成就するための出発点となります。そのとき、あなたは自分自身が天に向かうアセンションの途上にあることを明確に悟るでしょう。

最後に、私たちみなの旧友の言葉で本書を締めくくりたいと思います。

僕が夢を見てるって思うかな
でも僕一人だけじゃない
いつかきっと君たちも一緒になって
世界が一つになるだろう

ジョン・レノン「イマジン」より

私たちが世界を創造したとき
たった一人でいるのはさびしかった
それで二人目をつくった
そこにあなたがいた
無邪気な目をしたあなたは美しかった
私はあなたを遠く、なお近くから愛した
そしてあなたにはわからないようにして愛した
あなたが出会うすべての人の目を通して
あなたを見続けていたことを、あなたは知らない
風の中に私の声も聞かない
地球がただ土くれと岩でできていると考え、
それが私の体であるとは気づかない
あなたが眠っているあいだ、私たちはあなたのハートの中で会い、
スピリットを一つにして愛し合った
その情熱で私たちは新しい世界をいくつも誕生させた

しかし、あなたは目覚めると何も覚えていない
あなたには一つの夢でしかなかった
それはたった一人の日
でも私はあなたのハートの中で待つ、私の愛は永遠だから
愛の真実と一体性（ワンネス）がいつもあるから
私たちの愛はすべてなるものの母体（マトリックス）
忘れないで、愛しい人よ
あなたのハートの中で、私はいつでもあなたを待っている
その小さな空間で

ドランヴァロ

参考文献

Braden, Gregg, "The Isaiah Effect: Decoding the Lost Science of Prayer and Prophesy," Harmony Books, New York, 2000.
グレッグ・ブレイデン著『イザヤ・エフェクト—古代の預言者と量子論をつなぐ「祈り」のテクノロジー』須々木光誦訳，ナチュラルスピリット，2011 年.

Carlile, William H., " 'Everything' Is on Table to Cut Valley Pollution," The Arizona Republic, 30 May 1996(A1, A8) .

Dong, Paul and Thomas E. Rafill, "China's Super Psychics," Marlowe and Company, New York, 1997.

Melchizedek, Drunvalo, "The Ancient Secret of the Flower of Life," 2 vols, Light Technology Publishing, Flagstaff, 1998.
ドランヴァロ・メルキゼデク著『フラワー・オブ・ライフ—古代神聖幾何学の秘密』１巻：脇坂りん訳，２巻：紫上はとる訳，ナチュラルスピリット，2001 年，2005 年.

Twyman, James F., "Messages from Thomas: Raising a Psychic Child," Findhorn Press, Forres, 2003.
ジェームス・F・トワイマン著『愛の使者トーマスからのメッセージ』大内博訳，ナチュラルスピリット，2002 年.

Twyman, James F., "Emissary of Love," Findhorn Press, 2002.
ジェームス・F・トワイマン著『愛と光の使者—オズの子供たち』山川紘矢・亜希子訳，徳間書店，2002 年.

訳者あとがき

世界中に出現しているスーパー・サイキックな子供たち、そしてテレビ・スクリーンのようなものを通した彼らの透視能力、南米の先住民コギ族がハートの聖なる空間へ自由に行き来する方法など、本書では巧みな語り部でもあるドランヴァロが彼独特のスピリチュアルな世界へと私たちを誘ってくれます。

この本はまたマカバを探求する人々にとっては待望の書であり、マカバの次のレベルへ行くための指南書でもあります。ドランヴァロはすべての出来事にはその時期があり、聖なる秩序のもとに起きるので、彼が本書を書き起こすのに19年近くかかったと言っています。ドランヴァロによると、マカバに残るもう一つのレベル、もう一つの部分は、やはり定められた時に現われるそうですが、それはあまり遠くない将来のようです。

しかし本書は、マカバを知らない人でもハートの聖なる空間に入ることができ、それによってすべての生命とつながり、神と協働して世界を癒すことが可能となると言っています。マカバとこの聖なる空間がつながると、もっとすごい事が起きるようです。それはドランヴァロが実際に体験したことですが、各人がそれぞれ異なった形で体験していくことでしょう。

ドランヴァロが初めて来日したのは１９９６年９月でしたから、ちょうど10年前になります。当時、ドランヴァロはパートナーのクローデットとともに長野県の戸隠地方にある水輪というところで世界初の「アース・スカイ・ワークショップ」を開いたのです。そこは「気」のあふれた素晴らしい場でした。そのワークショップをアレンジしたのは、フラワー・オブ・ライフの日本人初のファシリテーターである宮本礼子（私の妹）と在日英国人ポール・ナイトン氏で、そこには外国人12名と日本人あわせて36名が参加しました。妹は、「フラワー・オブ・ライフ」のビデオ全15巻のテープ起こしをし、日本語に訳してそれを吹き込んだとてもパワフルな人です。

ドランヴァロはその来日をする前に、イヌイット族（エスキモー）のシャーマンが残した手紙を、その教えを受けたランディ・キンバーリング氏を通して受け取っていました。そこには３００年前からの預言が記されていて、なんとアメリカの南西部から一人の男が、ある使命を帯びて日本を訪れると書かれてあったのです（ドランヴァロはアメリカ南西部に家がありました）。その男性の使命というのは、イヌイット、ネイティブ・アメリカン、日本の古神道の後見者たちのあいだにあった昔からのつながりを復活させ、母なる大地にこの三者を結びつける三角形を作ることでした。

ドランヴァロは水輪での「アース・スカイ・ワークショップ」最終日にメディスン・ホイールの輪を作り、36名全員が彼に導かれながら祈りを完成させました。しかし、最後の祈りは日本の神々に捧げるものでなくてはならず、しかもそのことを決して参加者には伝えてはいけないというメッセージをドランヴァロは受け取っていたそうです。ドランヴァロ自身もその祈りを知らないために緊張して見守っていると、打ち合わせもしていないのに、何の前触れもなく参加者の望月さんという男性が立ち上がり、古神道の祈りがみごと奉られたのでした。こうしてドランヴァロは世界で初のアース・スカイ・メディテーションを日本で開くという目的のほか、もう一つの大切な使命を無事果たしたのです。

そしてドランヴァロの二度目の来日は2005年9月でした。私はこのときのナチュラルスピリット主催のワークショップに参加させていただいたのですが、その二日目に、大天使ミカエルのチャネラーをしているロナ・ハーマンさんへ依頼していたリーディングがタイミングよく郵便で届けられました。ロナさんには、私がドランヴァロ・メルキゼデクの本を訳していることは伝えてあったのですが、そのリーディングに「メルキゼデク司祭職の者たちがどの時代の地上にもつかわされていて、あなたはその一人であり、生まれてきた文化にその情報を伝えていく仕事がある」と書いてあったのです。

その縁をつないでくださり、本書を翻訳する機会を与えてくださった、ナチュラルスピリットの今井社長には大変感謝しております。そのうえこの翻訳をするにあたり、『フラワー・オブ・ライフ』の二冊を編集なさったベテランの秋田さんがついてくださり、とても心強く思いました。

最後に、私はドランヴァロに接して、彼は愛のかたまりのような人であることをお伝えしたいと思います。奥様のクローデットも素晴らしいヒーラーであり、彼の良きパートナーです。ぜひ皆様も機会がありましたら、彼らに直接会い、そのエネルギーにも触れてみてください。

2006年1月　鈴木眞佐子

著者紹介

ドランヴァロ・メルキゼデク Drunvalo Melchizedek

純粋意識と人間の可能性について40年近く研究。1970年代にカナダの山奥で生活したときにガイドである二人の天使に導かれ、以来、数多くの師に出会いながら独自の霊的探究の道を歩む。すべての生命や被造物にひそむ神聖幾何学「フラワー・オブ・ライフ」をはじめ、人間の光の体を活性化させる「マカバ瞑想」、母なる地球との結びつきを取り戻す「アース・スカイ・ワークショップ」、人間の可能性や創造のプロセスそのものに深く関わっていく「ハートとともに生きるワークショップ」など、多彩なプログラムを開発。

最初の著書『フラワー・オブ・ライフ―古代神聖幾何学の秘密―』（全2巻、ナチュラルスピリット）と、次の本であるこの『ハートの聖なる空間へ』をあわせ、現在29カ国語に翻訳。また「フラワー・オブ・ライフ」のワークショップは世界で300人を超えるファシリテーターによってすでに60以上の国々で開催されている。インターネットマガジン「スピリット・オブ・マート」編集長。

http://www.floweroflife.org/ フラワー・オブ・ライフのホームページ
http://www.spiritofmaat.com/ スピリット・オブ・マート
http://www.drunvalo.net/ 著者のサイト

訳者紹介

鈴木眞佐子 Masako Suzuki

東京生まれ。父親の仕事の関係で小学5年から高校卒業までアメリカに住む。慶應義塾大学文学部哲学科卒業。オハイオ州政府東京事務所に勤務ののち、ロンドン大学キングス・カレッジで修士号（英文学）、ロンドン・スクール・オブ・エコノミクスで国際関係論のディプロマを取得。またロンドンでは英国スピリチュアリスト協会(SAGB)でリーディングやヒーリングを学ぶ。1996年、妹の宮本礼子氏とともにドランヴァロの初来日をプロモート。2000年に米国のヒーラー、マイケル・ママスのヒーリング・スクール卒業。

現在はフリーランスでスピリチュアル関係書の翻訳に携わるかたわら、キプロスの霊的教師ダスカロスの勉強会を開いている。おもな訳書に『光の輪』『メッセンジャー』『癒しの鍵』（いずれも太陽出版）など。

著者に関連する日本でのワークショップについては、ナチュラルスピリット（ワークショップ係 workshop@naturalspirit.co.jp）までお問い合わせください。

ハートの聖なる空間へ

●

2006年3月3日　初版発行
2022年11月11日　第10刷発行

著者／ドランヴァロ・メルキゼデク

訳者／鈴木眞佐子

編集／秋田幸子

発行者／今井博揮

発行所／株式会社 ナチュラルスピリット
〒101-0051 東京都千代田区神田神保町3-2 高橋ビル2階
TEL 03-6450-5938　FAX 03-6450-5978
info@naturalspirit.co.jp
https://www.naturalspirit.co.jp/

印刷所／電算印刷株式会社

ISBN978-4-931449-85-5 C0014